PREPARAZIONE DELLA PAVLOVA DEFINITIVA A BASE DI MERINGA

Dal classico al creativo, padroneggia l'arte di Pavlova con istruzioni facili da seguire e 100 splendide ricette

Mirko Caputo

SOMMARIO

INTRODUZIONE

Benvenuti in questo libro di ricette di Pavlova.

Questo libro di cucina è progettato per aiutarti a padroneggiare l'arte di creare la pavlova perfetta: un dessert leggero e arioso a base di meringa, delizioso e visivamente sbalorditivo. Che tu sia un fornaio esperto o un principiante, questo libro di cucina ti fornirà istruzioni facili da seguire, consigli utili e ricette appetitose che stupiranno la tua famiglia e i tuoi amici.

In questo libro di cucina scoprirai una varietà di ricette di pavlova che vanno dal classico al creativo. Dalla tradizionale pavlova con frutta fresca e panna montata alle combinazioni di sapori uniche come cioccolato e nocciola, c'è una ricetta pavlova per soddisfare ogni preferenza di gusto.

Ci auguriamo che questo libro di cucina ti ispiri a diventare creativo in cucina e a provare nuove ricette di pavlova. Con un po' di pratica e pazienza, anche tu potrai padroneggiare l'arte di creare la pavlova perfetta.

VARIAZIONI DI PAVLOVA

1. Pavlova della Foresta Nera

INGREDIENTI:

- 4 albumi d'uovo grandi
- 1 pizzico di sale
- 225 g di zucchero semolato
- 2 cucchiai di cacao in polvere
- 1 cucchiaino di aceto di vino rosso
- 50 g di cioccolato fondente, grattugiato
- 300ml di doppia panna, o panna da montare
- 2 cucchiai di kirsch, facoltativo
- 450g di ciliegie denocciolate
- 25 g di cioccolato fondente, grattugiato

ISTRUZIONI:

a) Preriscaldare il forno a 150°C/Gas Mark 2 e rivestire una grande teglia con carta da forno.

b) Montare gli albumi con il sale a neve ferma, quindi aggiungere gradualmente lo zucchero, sbattendo bene tra un'aggiunta e l'altra. Dovresti ottenere una meringa densa e lucida. Sbattere il cacao e l'aceto e incorporare il cioccolato tritato con un grande cucchiaio di metallo

c) Distribuire la meringa in un cerchio sulla teglia foderata, rendendola leggermente più alta sui bordi esterni. Mettilo nel forno a cuocere per 1 ora o 1 ora e 15 minuti o fino a quando la meringa sarà croccante all'esterno ma marshmallow all'interno. Spegnete il forno e lasciate raffreddare completamente la meringa all'interno, con la porta del forno chiusa. È più semplice prepararlo la sera e lasciarlo raffreddare durante la notte

d) Una volta pronto per servire, montare la panna a neve ferma ma non asciutta, aggiungere il kirsch e frullare ancora. Disponete la crema sulla meringa e stendetela leggermente. Distribuire sopra le ciliegie senza nocciolo e ricoprire con il cioccolato grattugiato

2. Pavlova con fichi e melograno

INGREDIENTI:

- Pavlova con fichi e melograno
- 6 albumi
- pizzico di cremor tartaro
- 1 tazza e ½ (330 g) di zucchero semolato
- 1 cucchiaio di farina di mais
- 1 cucchiaino e ½ di aceto bianco
- 2 cucchiaini di estratto di vaniglia
- 1 (320 g) di melagrana
- 1 tazza e ¾ (430 ml) di panna addensata
- 6 fichi neri o verdi, tagliati a metà
- 125 grammi di lamponi, tagliati a metà

ISTRUZIONI:

a) Preriscaldare il forno a 120°C. Segna un rettangolo di 16 cm x 32 cm, oppure due cerchi di diametro 21 cm, su carta da forno. Capovolgere la carta su una teglia da forno grande leggermente unta.

b) Sbattere gli albumi e il cremor tartaro in una ciotola media con un mixer elettrico fino a formare picchi morbidi. Aggiungere gradualmente lo zucchero, sbattendo finché lo zucchero non si scioglie tra un'aggiunta e l'altra. Incorporate velocemente la farina di mais setacciata, l'aceto e la vaniglia.

c) Distribuire la meringa in un rettangolo o in un cerchio su carta da forno, accumulandola ai lati. Parte superiore e lati lisci della pavlova. Cuocere per 1 ora e mezza o fino a quando non sarà asciutto al tatto. Spegnere il forno; raffreddare la meringa nel forno con lo sportello socchiuso.

d) Rimuovere i semi dal melograno; riservare i semi. Sbattere la panna finché non si formano picchi morbidi.

e) Poco prima di servire, versare la crema sulla pavlova e guarnire con fichi, lamponi e semi di melograno. Se si utilizzano due pavlova rotonde, inserire metà della crema tra i dischi, quindi ricoprire la pavlova con la panna rimanente, quindi la frutta e i semi.

3. Nutella Pavlova

INGREDIENTI:
MERINGA
- 3 albumi
- 1 pizzico di cremor tartaro
- ¾ tazza di zucchero semolato
- 1 cucchiaino di estratto puro di vaniglia

CREMA
- ½ tazza di crema di marshmallow
- ½ tazza indicazioni per la crème fraiche
- 1 tazza di panna da montare

GUARNIZIONE
- 1 kiwi, sbucciato e tagliato a fettine sottili
- 1 tazza di fragole a fette
- 2 cucchiai di mirtilli rossi secchi, tritati
- 2 cucchiai di Nutella

ISTRUZIONI:
a) Imposta il forno a 275 gradi F prima di fare qualsiasi altra cosa e rivesti una teglia con la carta da forno.

b) In una ciotola unire gli albumi e il cremor tartaro e sbattere fino a formare delle punte morbide, aggiungendo lo zucchero 1 cucchiaio alla volta.

c) Aggiungere la vaniglia e sbattere per unire.

d) Sulla teglia preparata, stendi la meringa in un cerchio da 10 pollici, spingendo verso l'alto i bordi per formare un pozzo al centro.

e) Cuocere in forno per circa 1 ora e mezza.

f) Spegnete il forno ma lasciate asciugare la meringa all'interno.

g) Trasferire la meringa in un piatto da portata.

h) In una ciotola, mescolare insieme la crema di marshmallow e la crème fraiche.

i) Incorporare la panna montata.

j) Distribuire il composto di marshmallow sulla meringa raffreddata e decorare con le fette di kiwi e le fragole.

k) Cospargete la superficie con la Nutella e servite con una spolverata di mirtilli rossi secchi.

4. Rotolo di pavlova ghiacciata alla fragola

INGREDIENTI:
- 2 cucchiaini di amido di mais
- 1 tazza di zucchero superfino
- 4 albumi, a temperatura ambiente
- zucchero a velo, setacciato
- 1 tazza e ½sorbetto alla fragola
- ½ tazza di panna
- zucchero a velo, fragole fresche e foglie di menta per decorare

ISTRUZIONI:
a) Allinea un 12 × 9 pollici. teglia per gelatina con un rivestimento antiaderente o carta cerata e tagliata per adattarla.

b) Setacciare l'amido di mais e amalgamarlo uniformemente con lo zucchero semolato.

c) Sbattere gli albumi fino a quando non saranno a neve ferma ma non secchi e friabili.

d) Quindi incorporare gradualmente la miscela di zucchero e amido di mais fino a quando diventa rigida e lucida.

e) Versare nella padella preparata e appiattire la parte superiore.

f) Mettere in forno freddo e accenderlo a 150°C (300°F).

g) Cuocere per 1 ora fino a quando la superficie sarà croccante ma la meringa sarà ancora elastica.

h) Sformare subito su un doppio foglio di carta oleata cosparso di zucchero a velo setacciato e lasciare raffreddare.

i) Nel frattempo ammorbidire il sorbetto e montare la panna. Quando la meringa si sarà raffreddata, spalmatela con cura e velocemente con il sorbetto e poi con la panna montata.

j) Arrotolare, utilizzando la carta come supporto, e avvolgere leggermente nella pellicola.

k) Congelare per circa 1 ora prima di servire, cosparso di altro zucchero a velo e guarnito con fragole fresche e menta.

5. Pavlova alla fragola, mango e rosa

INGREDIENTI:
- 6 albumi
- ⅛ cucchiaino di cremor tartaro
- pizzico di sale
- 1½ tazza di zucchero
- 1 cucchiaino di succo di limone
- ¼ cucchiaino di acqua di rose o ½ cucchiaino di vaniglia
- 2 cucchiaini e mezzo di amido di mais
- 4 tazze di mango e fragole a fette
- 2 cucchiai di zucchero
- 1 tazza e ½ di panna da montare
- ½ tazza di mascarpone
- Petali di rosa commestibili

ISTRUZIONI:

a) Preriscaldare il forno a 250 ° F.

b) Fodera una teglia con pergamena.

c) Disegna un cerchio da 9 pollici sulla carta. Capovolgi la carta in modo che il cerchio sia sul retro.

PER LA MERINGA

d) Nella ciotola della planetaria dotata di frusta, sbatti gli albumi, il cremor tartaro e il sale fino a formare dei picchi morbidi.

e) Aggiungere 1 tazza e ½ di zucchero, 1 cucchiaio alla volta, sbattendo ad alta velocità finché non si formano picchi rigidi e la meringa non è più granulosa, raschiando la ciotola secondo necessità. Sbattere il succo di limone e l'acqua di rose. Usando una spatola di gomma, aggiungi delicatamente l'amido di mais.

f) Distribuire la meringa su un cerchio su pergamena, costruendo leggermente i bordi per formare un guscio.

g) Cuocere per 1 ora e mezza.

h) Spegnere il forno e lasciare asciugare in forno con lo sportello chiuso per 1 ora.

i) Raffreddare completamente su un foglio su una gratella.

MISCELA DI CREMA

j) In una ciotola gettare il mango e i frutti di bosco con i 2 cucchiai di zucchero. Lasciare riposare 20 minuti.

k) Nel frattempo, in una ciotola, sbattere la panna e il mascarpone con le fruste elettriche fino a formare delle punte morbide.

l) Disporre il guscio di meringa su un piatto da portata.

m) Distribuire il composto di panna nel guscio di meringa. Versare sopra il composto di frutta.

n) Servire immediatamente.

INGREDIENTI:

- 6 albumi d'uovo, a temperatura ambiente
- 200 g di zucchero semolato
- 500 g di halva semplice, tagliato a pezzi di 1 cm
- 200 g di datteri snocciolati, tritati
- 200 g di crespini o mirtilli rossi essiccati
- 1 tazza e ¼ (125 g) di farina di mandorle
- ⅓ tazza (50 g) di pistacchi, tritati grossolanamente, più extra per servire
- ⅓ tazza (50 g) di mandorle pelate, tritate grossolanamente
- Gocce di cioccolato bianco da 120 g
- 1 cucchiaino di acqua di rose
- Semi di melograno o petali di rosa spolverati di zucchero (facoltativo), per guarnire

GLASSA AL CIOCCOLATO BIANCO

- ⅓ tazza (80 ml) di panna pura (sottile).
- 150 g di cioccolato bianco, tritato grossolanamente

ISTRUZIONI:

a) Preriscaldare il forno a 160°C. Ungere con il burro una tortiera a cerniera da 24 cm e foderare la base con carta da forno.

b) Usando un mixer elettrico, sbatti gli albumi ad alta velocità fino a formare picchi morbidi. Aggiungere gradualmente lo zucchero, 1 cucchiaio alla volta, sbattendo continuamente fino a ottenere un composto sodo e lucido. Incorporare delicatamente l'halva, i datteri, i frutti di bosco, la farina di mandorle, i pistacchi, le mandorle, le gocce di cioccolato e l'acqua di rose. Versare il composto nella padella preparata. Cuocere per 1 ora-1 ora e 10 minuti fino a quando non diventa solido al tatto. Raffreddare completamente nella teglia posizionata su una gratella.

COME FARE LO ZUCCHERO SEmolato

c) Per preparare la glassa, mettere la panna e il cioccolato in un pentolino a fuoco basso, mescolando fino a quando non si saranno sciolti. Togliere dal fuoco e mettere da parte a raffreddare, mescolando ogni 2 minuti per evitare la formazione di grumi.

d) Al momento di servire, togliere l'anello a cerniera e versare la glassa sulla pavlova. Cospargere i pistacchi extra tritati e i semi di melograno o i petali di rosa, se utilizzati.

7. Ondulazione Pavlova alla fragola

INGREDIENTI:

- 1 libbra di fragole mature
- 1 cucchiaio di zucchero semolato
- Cartone da 284 ml doppia panna, refrigerata
- ½ cucchiaino di estratto di vaniglia
- 2¼ once di meringhe

ISTRUZIONI:

a) Rimuovete le foglie dalle fragole.

b) Mettete le fragole in un robot da cucina o in un frullatore, aggiungete lo zucchero e frullate fino ad ottenere un composto omogeneo. In alternativa schiacciateli su un piatto largo, facendo attenzione che mantengano tutti i succhi e che il composto risulti abbastanza omogeneo.

c) Versare la panna in una caraffa. Aggiungere l'estratto di vaniglia e metà della purea di fragole. Sbriciolare i nidi di meringa e mescolare bene.

d) Conservare in frigorifero per 15-20 minuti finché le meringhe non si saranno sciolte e il composto sarà ben freddo.

e) Versare il composto nella gelatiera e congelare secondo le istruzioni.

f) Trasferire in un contenitore adatto e versare sopra la restante purea di fragole. Con un cucchiaino o uno stecchino, mescolare delicatamente la purea nel gelato in modo che si formino delle increspature.

g) Congelare fino al momento del bisogno.

INGREDIENTI:
PER LE MERINGHE
- 3 albumi grandi, a temperatura ambiente
- ½ cucchiaino di cremor tartaro
- Pizzico di sale
- ⅔ tazza di zucchero semolato
- 2 cucchiaini di amido di mais
- 1 cucchiaino di aceto bianco
- 1 cucchiaino di estratto di vaniglia

PER LA SALSA DI LAMPONI
- ½ tazza di succo d'arancia
- 2 cucchiaini di amido di mais
- lamponi, sciacquati
- ¼ di tazza di miele
- 1 cucchiaio di olio di cocco
- Pizzico di sale

ISTRUZIONI:
a)   Preriscaldare il forno a 275°F. Foderare una teglia con carta da forno. Per le meringhe, in una ciotola alta di metallo, utilizzando uno sbattitore elettrico ad alta velocità, montare gli albumi, il cremor tartaro e il sale fino a formare dei picchi morbidi, circa un minuto.

b)   Mentre azionate il mixer aggiungete gradualmente lo zucchero, 2 cucchiai alla volta. Continuare a sbattere ad alta velocità finché non si formano picchi rigidi. Se senti la meringa tra le dita, dovrebbe essere liscia.

c)   Se senti ancora i granelli di zucchero, continua a sbattere a velocità media finché lo zucchero non si sarà completamente sciolto. Aggiungere l'amido di mais, l'aceto e la vaniglia e frullare per incorporare.

d)   Versare circa ½ tazza del composto di albume per ogni Pavlova sulla teglia preparata.

e)   Usando un cucchiaio, stendili ciascuno in un cerchio concavo da 3 pollici, con i lati più alti e una leggera cavità al centro. Dovresti averne abbastanza per 6 pavlova

f)   Cuocere fino a quando non avrà un colore marrone chiaro e la meringa sembrerà solidificata, da 25 a 30 minuti. Spegni il forno, apri leggermente lo sportello e lascia raffreddare completamente le Pavlova.

g)   Per la salsa di lamponi, in una piccola ciotola, unire il succo d'arancia e l'amido di mais. Mescolare fino a che liscio.

h)   A fuoco basso, in una piccola casseruola, unire i lamponi, il miele e l'olio di cocco e mescolare bene, schiacciando i lamponi in una salsa liscia mentre si ammorbidiscono. Aggiungere la miscela di amido di mais, aumentare il fuoco a medio e mescolare fino a quando la miscela inizia ad addensarsi, da 4 a 5 minuti; la salsa continuerà ad addensarsi mentre si raffredda. Aggiungere il sale.

i)   Toglietela dal fuoco e versatela in una piccola brocca. Ricoprire le Pavlova con porzioni uguali di salsa di lamponi immediatamente prima di servire.

9. Pavlova al limone e mirtillo

INGREDIENTI:
- 4 albumi
- 1 tazza di zucchero semolato
- 1 cucchiaino di aceto bianco
- 1 cucchiaino di amido di mais
- ½ tazza di crema al limone
- ½ tazza di mirtilli freschi
- Scorza di 1 limone

ISTRUZIONI:
a)   Preriscaldare il forno a 150°C (300°F). Foderare una teglia con carta da forno.

b)   Sbattere gli albumi fino a formare picchi rigidi. Aggiungere gradualmente lo zucchero, un cucchiaio alla volta, sbattendo bene dopo ogni aggiunta.

c)   Aggiungere l'aceto e l'amido di mais e sbattere fino a quando non saranno ben combinati.

d)   Versare il composto sulla teglia preparata per formare un cerchio di 20 cm.

e)   Utilizzando una spatola, creare una cavità al centro della pavlova.

f)   Cuocere per 1 ora o fino a quando la pavlova sarà croccante fuori e morbida dentro.

g)   Lasciare raffreddare completamente.

h)   Spalmate la lemon curd sulla pavlova. Distribuire sopra i mirtilli freschi e cospargere con la scorza di limone.

10. Pavlova al cioccolato e lampone

INGREDIENTI:
- 1 albumi
- 1 tazza di zucchero semolato
- 1 cucchiaino di aceto bianco
- 1 cucchiaino di amido di mais
- ½ tazza di cioccolato fuso o ganache al cioccolato
- ½ tazza di lamponi freschi
- Scaglie di cioccolato

ISTRUZIONI:

a) Preriscaldare il forno a 150°C (300°F). Foderare una teglia con carta da forno.

b) Sbattere gli albumi fino a formare picchi rigidi. Aggiungere gradualmente lo zucchero, un cucchiaio alla volta, sbattendo bene dopo ogni aggiunta.

c) Aggiungere l'aceto e l'amido di mais e sbattere fino a quando non saranno ben combinati.

d) Versare il composto sulla teglia preparata per formare un cerchio di 20 cm.

e) Utilizzando una spatola, creare una cavità al centro della pavlova.

f) Cuocere per 1 ora o fino a quando la pavlova sarà croccante fuori e morbida dentro.

g) Lasciare raffreddare completamente.

h) Versare il cioccolato fuso o la ganache sulla pavlova. Completare con lamponi freschi e scaglie di cioccolato.

INGREDIENTI:
- 4 albumi
- 1 tazza di zucchero semolato
- 1 cucchiaino di aceto bianco
- 1 cucchiaino di amido di mais
- 1 tazza di panna montata
- 1 tazza di fragole fresche a fette
- 2 cucchiai di foglie di menta fresca tritate

ISTRUZIONI:

a)   Preriscaldare il forno a 150°C (300°F). Foderare una teglia con carta da forno.

b)   Sbattere gli albumi fino a formare picchi rigidi. Aggiungere gradualmente lo zucchero, un cucchiaio alla volta, sbattendo bene dopo ogni aggiunta.

c)   Aggiungere l'aceto e l'amido di mais e sbattere fino a quando non saranno ben combinati.

d)   Versare il composto sulla teglia preparata per formare un cerchio di 20 cm.

e)   Utilizzando una spatola, creare una cavità al centro della pavlova.

f)   Cuocere per 1 ora o fino a quando la pavlova sarà croccante fuori e morbida dentro.

g)   Lasciare raffreddare completamente.

h)   Spalmate la panna montata sopra la pavlova. Aggiungere le fragole a fette e cospargere con le foglioline di menta tritate.

12. Pavlova di mango e frutto della passione

INGREDIENTI:
- 4 albumi
- 1 tazza di zucchero semolato
- 1 cucchiaino di aceto bianco
- 1 cucchiaino di amido di mais
- 1 tazza di panna montata
- 1 tazza di mango fresco a fette
- ¼ di tazza di polpa di frutto della passione
- ¼ tazza di cocco tostato

ISTRUZIONI:
a) Preriscaldare il forno a 150°C (300°F). Foderare una teglia con carta da forno.

b) Sbattere gli albumi fino a formare picchi rigidi. Aggiungere gradualmente lo zucchero, un cucchiaio alla volta, sbattendo bene dopo ogni aggiunta.

c) Aggiungere l'aceto e l'amido di mais e sbattere fino a quando non saranno ben combinati.

d) Versare il composto sulla teglia preparata per formare un cerchio di 20 cm.

e) Utilizzando una spatola, creare una cavità al centro della pavlova.

f) Cuocere per 1 ora o fino a quando la pavlova sarà croccante fuori e morbida dentro.

g) Lasciare raffreddare completamente.

h) Spalmate la panna montata sopra la pavlova. Aggiungere il mango a fette e condire con la polpa del frutto della passione. Cospargere con cocco tostato.

13. Pavlova alla vaniglia e pesca

INGREDIENTI:
- 4 albumi
- 1 tazza di zucchero semolato
- 1 cucchiaino di aceto bianco
- 1 cucchiaino di amido di mais
- 1 tazza di panna montata
- 2 pesche mature, affettate
- 1 cucchiaino di estratto di vaniglia
- 1 cucchiaio di miele

ISTRUZIONI:
a) Preriscaldare il forno a 150°C (300°F). Foderare una teglia con carta da forno.

b) Sbattere gli albumi fino a formare picchi rigidi. Aggiungere gradualmente lo zucchero, un cucchiaio alla volta, sbattendo bene dopo ogni aggiunta.

c) Aggiungere l'aceto e l'amido di mais e sbattere fino a quando non saranno ben combinati.

d) Versare il composto sulla teglia preparata per formare un cerchio di 20 cm.

e) Utilizzando una spatola, creare una cavità al centro della pavlova.

f) Cuocere per 1 ora o fino a quando la pavlova sarà croccante fuori e morbida dentro.

g) Lasciare raffreddare completamente.

h) Mescola l'estratto di vaniglia e il miele in una piccola ciotola. Spalmate la panna montata sopra la pavlova. Aggiungere le pesche affettate e condire con il composto di vaniglia e miele.

14. Pavlova al caffè e nocciola

INGREDIENTI:

- 4 albumi
- 1 tazza di zucchero semolato
- 1 cucchiaino di aceto bianco
- 1 cucchiaino di amido di mais
- 1 tazza di panna montata
- ½ tazza di nocciole tritate, tostate
- 1 cucchiaio di caffè solubile, sciolto in 1 cucchiaio di acqua bollente

ISTRUZIONI:

a) Preriscaldare il forno a 150°C (300°F). Foderare una teglia con carta da forno.

b) Sbattere gli albumi fino a formare picchi rigidi. Aggiungere gradualmente lo zucchero, un cucchiaio alla volta, sbattendo bene dopo ogni aggiunta.

c) Aggiungere l'aceto e l'amido di mais e sbattere fino a quando non saranno ben combinati.

d) Versare il composto sulla teglia preparata per formare un cerchio di 20 cm.

e) Utilizzando una spatola, creare una cavità al centro della pavlova.

f) Cuocere per 1 ora o fino a quando la pavlova sarà croccante fuori e morbida dentro.

g) Lasciare raffreddare completamente.

h) Mescola il caffè solubile con acqua bollente in una piccola ciotola. Spalmate la panna montata sopra la pavlova. Cospargere con le nocciole tritate e irrorare con il composto di caffè.

15. Pavlova di ciliegie e mandorle

INGREDIENTI:
- 4 albumi
- 1 tazza di zucchero semolato
- 1 cucchiaino di aceto bianco
- 1 cucchiaino di amido di mais
- 1 tazza di panna montata
- 1 tazza di ciliegie fresche snocciolate
- ¼ tazza di mandorle a fette, tostate

ISTRUZIONI:

a)   Preriscaldare il forno a 150°C (300°F). Foderare una teglia con carta da forno.

b)   Sbattere gli albumi fino a formare picchi rigidi. Aggiungere gradualmente lo zucchero, un cucchiaio alla volta, sbattendo bene dopo ogni aggiunta.

c)   Aggiungere l'aceto e l'amido di mais e sbattere fino a quando non saranno ben combinati.

d)   Versare il composto sulla teglia preparata per formare un cerchio di 20 cm.

e)   Utilizzando una spatola, creare una cavità al centro della pavlova.

f)   Cuocere per 1 ora o fino a quando la pavlova sarà croccante fuori e morbida dentro.

g)   Lasciare raffreddare completamente.

h)   Spalmate la panna montata sopra la pavlova. Aggiungere le ciliegie snocciolate e cospargere con le mandorle a lamelle tostate.

16. Pavlova di mango e lampone

INGREDIENTI:
- 4 albumi
- 1 tazza di zucchero semolato
- 1 cucchiaino di aceto bianco
- 1 cucchiaino di amido di mais
- 1 tazza di panna montata
- 1 mango maturo, affettato
- ½ tazza di lamponi freschi

ISTRUZIONI:

a)   Preriscaldare il forno a 150°C (300°F). Foderare una teglia con carta da forno.

b)   Sbattere gli albumi fino a formare picchi rigidi. Aggiungere gradualmente lo zucchero, un cucchiaio alla volta, sbattendo bene dopo ogni aggiunta.

c)   Aggiungere l'aceto e l'amido di mais e sbattere fino a quando non saranno ben combinati.

d)   Versare il composto sulla teglia preparata per formare un cerchio di 20 cm.

e)   Utilizzando una spatola, creare una cavità al centro della pavlova.

f)   Cuocere per 1 ora o fino a quando la pavlova sarà croccante fuori e morbida dentro.

g)   Lasciare raffreddare completamente.

h)   Spalmate la panna montata sopra la pavlova. Aggiungere il mango a fette e i lamponi.

INGREDIENTI:
- 4 albumi
- 1 tazza di zucchero semolato
- 1 cucchiaino di aceto bianco
- 1 cucchiaino di amido di mais
- 1 tazza di panna montata
- ½ tazza di pistacchi sgusciati, tritati
- scorza di 1 arancia

ISTRUZIONI:

a) Preriscaldare il forno a 150°C (300°F). Foderare una teglia con carta da forno.

b) Sbattere gli albumi fino a formare picchi rigidi. Aggiungere gradualmente lo zucchero, un cucchiaio alla volta, sbattendo bene dopo ogni aggiunta.

c) Aggiungere l'aceto e l'amido di mais e sbattere fino a quando non saranno ben combinati.

d) Versare il composto sulla teglia preparata per formare un cerchio di 20 cm.

e) Utilizzando una spatola, creare una cavità al centro della pavlova.

f) Cuocere per 1 ora o fino a quando la pavlova sarà croccante fuori e morbida dentro.

g) Lasciare raffreddare completamente.

h) Spalmate la panna montata sopra la pavlova. Cospargere la superficie con i pistacchi tritati e aggiungere la scorza d'arancia.

18. Pavlova alla fragola e basilico

INGREDIENTI:
- 4 albumi
- 1 tazza di zucchero semolato
- 1 cucchiaino di aceto bianco
- 1 cucchiaino di amido di mais
- 1 tazza di panna montata
- 1 tazza di fragole fresche, affettate
- ¼ di tazza di foglie di basilico fresco, tritate

ISTRUZIONI:

a) Preriscaldare il forno a 150°C (300°F). Foderare una teglia con carta da forno.

b) Sbattere gli albumi fino a formare picchi rigidi. Aggiungere gradualmente lo zucchero, un cucchiaio alla volta, sbattendo bene dopo ogni aggiunta.

c) Aggiungere l'aceto e l'amido di mais e sbattere fino a quando non saranno ben combinati.

d) Versare il composto sulla teglia preparata per formare un cerchio di 20 cm.

e) Utilizzando una spatola, creare una cavità al centro della pavlova.

f) Cuocere per 1 ora o fino a quando la pavlova sarà croccante fuori e morbida dentro.

g) Lasciare raffreddare completamente.

h) Spalmate la panna montata sopra la pavlova. Aggiungere le fragole a fette e cospargere con foglie di basilico tritate.

INGREDIENTI:
- 4 albumi
- 1 tazza di zucchero semolato
- 1 cucchiaino di aceto bianco
- 1 cucchiaino di amido di mais
- 1 tazza di panna montata
- ¼ tazza di nocciole, tritate
- ¼ di tazza di gocce di cioccolato, sciolte

ISTRUZIONI:
a)   Preriscaldare il forno a 150°C (300°F). Foderare una teglia con carta da forno.

b)   Sbattere gli albumi fino a formare picchi rigidi. Aggiungere gradualmente lo zucchero, un cucchiaio alla volta, sbattendo bene dopo ogni aggiunta.

c)   Aggiungere l'aceto e l'amido di mais e sbattere fino a quando non saranno ben combinati.

d)   Versare il composto sulla teglia preparata per formare un cerchio di 20 cm.

e)   Utilizzando una spatola, creare una cavità al centro della pavlova.

f)   Cuocere per 1 ora o fino a quando la pavlova sarà croccante fuori e morbida dentro.

g)   Lasciare raffreddare completamente.

h)   Spalmate la panna montata sopra la pavlova. Versare il cioccolato fuso sulla panna montata e cospargere con le nocciole tritate.

20. Pavlova al mango e cocco

INGREDIENTI:
- 4 albumi
- 1 tazza di zucchero semolato
- 1 cucchiaino di aceto bianco
- 1 cucchiaino di amido di mais
- 1 tazza di panna montata
- 1 mango maturo, tagliato a dadini
- ¼ tazza di cocco grattugiato, tostato

ISTRUZIONI:
a) Preriscaldare il forno a 150°C (300°F). Foderare una teglia con carta da forno.

b) Sbattere gli albumi fino a formare picchi rigidi. Aggiungere gradualmente lo zucchero, un cucchiaio alla volta, sbattendo bene dopo ogni aggiunta.

c) Aggiungere l'aceto e l'amido di mais e sbattere fino a quando non saranno ben combinati.

d) Versare il composto sulla teglia preparata per formare un cerchio di 20 cm.

e) Utilizzando una spatola, creare una cavità al centro della pavlova.

f) Cuocere per 1 ora o fino a quando la pavlova sarà croccante fuori e morbida dentro.

g) Lasciare raffreddare completamente.

h) Spalmate la panna montata sopra la pavlova. Aggiungete il mango tagliato a dadini e spolverizzate con il cocco grattugiato tostato.

21. Pavlova pesca e prosecco

INGREDIENTI:
- 4 albumi
- 1 tazza di zucchero semolato
- 1 cucchiaino di aceto bianco
- 1 cucchiaino di amido di mais
- 1 tazza di panna montata
- 2 pesche mature, affettate
- ½ bicchiere di Prosecco

ISTRUZIONI:

a)   Preriscaldare il forno a 150°C (300°F). Foderare una teglia con carta da forno.

b)   Sbattere gli albumi fino a formare picchi rigidi. Aggiungere gradualmente lo zucchero, un cucchiaio alla volta, sbattendo bene dopo ogni aggiunta.

c)   Aggiungere l'aceto e l'amido di mais e sbattere fino a quando non saranno ben combinati.

d)   Versare il composto sulla teglia preparata per formare un cerchio di 20 cm.

e)   Utilizzando una spatola, creare una cavità al centro della pavlova.

f)   Cuocere per 1 ora o fino a quando la pavlova sarà croccante fuori e morbida dentro.

g)   Lasciare raffreddare completamente.

h)   Spalmate la panna montata sopra la pavlova. Aggiungere le pesche a fette e irrorare con il Prosecco.

22. Pavlova di fichi e miele

INGREDIENTI:
- 4 albumi
- 1 tazza di zucchero semolato
- 1 cucchiaino di aceto bianco
- 1 cucchiaino di amido di mais
- 1 tazza di panna montata
- 3 fichi freschi, a fette
- 2 cucchiai di miele

ISTRUZIONI:

a) Preriscaldare il forno a 150°C (300°F). Foderare una teglia con carta da forno.

b) Sbattere gli albumi fino a formare picchi rigidi. Aggiungere gradualmente lo zucchero, un cucchiaio alla volta, sbattendo bene dopo ogni aggiunta.

c) Aggiungere l'aceto e l'amido di mais e sbattere fino a quando non saranno ben combinati.

d) Versare il composto sulla teglia preparata per formare un cerchio di 20 cm.

e) Utilizzando una spatola, creare una cavità al centro della pavlova.

f) Cuocere per 1 ora o fino a quando la pavlova sarà croccante fuori e morbida dentro.

g) Lasciare raffreddare completamente.

h) Spalmate la panna montata sopra la pavlova. Aggiungere i fichi affettati e irrorare con il miele.

23. Pavlova con cagliata di limone

INGREDIENTI:
- ¾ tazza di zucchero semolato
- 2 cucchiai di amido di mais
- ⅔ tazza di succo di limone
- 2 cucchiai di scorza di limone grattugiata grossolanamente
- 3 uova
- 3 tuorli d'uovo
- ⅓ tazza di burro non salato
- 1 tazza e ½ di panna da montare

CONTORNO;
- 2 Kiwi
- 1 tazza di lamponi congelati, leggermente scongelati
- Foglie di menta

PAVLOVA AL LIMONE
- 4 albumi d'uovo
- 1 pizzico di cremor tartaro
- ⅔ tazza di zucchero semolato
- ⅓ tazza di zucchero a velo
- 1 cucchiaio di amido di mais
- ¼ cucchiaino di scorza di limone grattugiata finemente
- 1 cucchiaio di succo di limone

ISTRUZIONI:
RIPIENO AL LIMONE

a) In una pentola pesante, sbatti insieme lo zucchero, l'amido di mais, il succo di limone, le scorze, le uova e i tuorli finché non saranno ben amalgamati.

b) Cuocere a fuoco medio-basso per 10-15 minuti, mescolando continuamente mentre il composto bolle lentamente, fino a quando il composto sarà liscio e addensato e non rimarrà alcun sapore di amido di mais.

c) Togliere dal fuoco e filtrare immediatamente in una ciotola resistente al calore, scartando la buccia. Mescolare il burro fino a quando non si scioglie.

d) Coprire la superficie con carta cerata. Conservare in frigorifero per un massimo di 3 giorni.

PAVLOVA AL LIMONE

e)   Foderare una teglia grande o una teglia per pizza con carta pergamena o pellicola unta. Disegna il contorno per un cerchio da 9 pollici, mettilo da parte.

f)   In una ciotola capiente, sbattere gli albumi con il cremor tartaro fino a formare delle punte morbide. Sbattere gradualmente metà dello zucchero semolato fino a formare dei picchi rigidi e lucidi.

g)   In una ciotola separata, unisci lo zucchero rimanente con lo zucchero a velo e l'amido di mais. Cospargere con gli albumi; aggiungere la scorza e il succo di limone e amalgamare il tutto fino ad ottenere un composto omogeneo. Scavare sul cerchio; formare un nido, rendendo il lato più alto del centro. Cuocere in forno a 275 per circa 1 ora e mezza o fino a quando l'esterno sarà croccante e dorato molto chiaro.

h) Lasciare raffreddare completamente; trasferire su un piatto da portata foderato con centrino. (Si può preparare qualche ora prima di servire) PER SERVIRE; montare la panna a neve ferma. Sbattere brevemente il ripieno di cagliata al limone per alleggerire. Incorporare un terzo della panna montata; piegare il resto.

i)   Mettere il kiwi nel nido della Pavlova, lasciandone traboccare leggermente. Sbucciare e affettare sottilmente i kiwi; disporre sopra le fette di kiwi, i lamponi e le foglie di menta.

j)   Per servire tagliare con il coltello seghettato.

INGREDIENTI:
- 6 Albumi d'uovo 6
- 1 tazza di zucchero 250 ml
- 1 cucchiaino di vaniglia 5 ml
- 1 cucchiaio di aceto bianco 15 ml
- 2 manghi 2
- ½ tazza di formaggio yogurt o panna da montare 125 ml
- 2 cucchiai di zucchero a velo 25 ml
- 2 cucchiai di liquore all'arancia 25 ml
- Frutta per la decorazione
- 1 rametto di menta fresca
- Fiori commestibili

ISTRUZIONI:
a) Sbattere gli albumi fino alla luce. Aggiungere gradualmente lo zucchero e sbattere finché non diventa sodo. Sbattere la vaniglia. Sbattere nell'aceto.

b) Delinea un cerchio di 24 cm su carta da forno e posizionalo su una teglia.

c) Versare l'albume nel cerchio. Cuocere in forno preriscaldato a 250°F/150°C per 1 o 2 ore o finché non iniziano a dorarsi leggermente. Togliere dal forno e lasciare raffreddare. (Se non la usi immediatamente, congelala.) La meringa deve essere croccante all'esterno ma morbida all'interno.

d) Sbucciare i manghi e tenerne da parte metà per guarnire. Tagliare a dadini la frutta rimasta e frullarla. Mettere la purea in una casseruola e cuocere, mescolando continuamente, finché non si riduce a circa 1 tazza/250 ml e diventa molto densa. Freddo.

e) Unisci il formaggio yogurt con lo zucchero e il liquore all'arancia. (Oppure montare la panna con zucchero e liquore all'arancia.) Riserva.

f) Poco prima di servire, spalmare la purea di mango sulla meringa. Quindi distribuire il composto di yogurt o panna sulla meringa. Disporre la frutta sopra. Metti rametti di menta e fiori commestibili sulla frutta.

g) Per preparare il formaggio allo yogurt, versa un contenitore da 750 ml di yogurt all'1% (o lo yogurt naturale che preferisci) in un colino rivestito con una garza che hai posizionato sopra una ciotola. Coprire con pellicola trasparente e lasciare scolare lo yogurt da tre ore a tutta la notte.

INGREDIENTI:

- 4 grandi albumi d'uovo
- 1 pizzico di sale
- ⅛ cucchiaino di cremor tartaro
- 1 tazza di zucchero semolato
- 1 cucchiaino di amido di mais
- 1 cucchiaino di aceto
- 1 cucchiaino di estratto di vaniglia
- ½ tazza di noci pecan tostate, tritate
- 2½ tazze di yogurt francese magro alla vaniglia, montato liscio
- 3 banane Nino (o finger), sbucciate, (fino a 4) a fette spesse ¼ di pollice

ISTRUZIONI:

a) Meringa: posizionare una griglia al centro del forno e preriscaldare a 400 gradi F. Foderare una grande teglia con carta pergamena; accantonare.

b) In una ciotola da 4 litri e mezzo di un mixer elettrico per servizio pesante, utilizzando una frusta a filo, montare gli albumi, il sale e il cremor tartaro fino a formare picchi morbidi. Distribuire il composto di meringa in un cerchio da 9 pollici, montando i lati un po' più in alto rispetto al centro.

c) Metti la teglia nel forno e abbassa immediatamente la temperatura del forno a 250 gradi F. Cuoci la meringa per 1 ora o finché non diventa asciutta e croccante all'esterno. (Potrebbero formarsi alcune crepe sulla superficie.) Lasciare raffreddare a temperatura ambiente.

d) Assemblare la Pavlova: staccare con cura la meringa dalla pergamena e trasferirla su un piatto da portata. Crea un anello da 1 pollice distribuendo lo yogurt lungo l'intero bordo interno del guscio di meringa.

e) Completare l'anello di yogurt con le banane a fette. Versare lo yogurt in una collinetta del diametro di 3 pollici al centro del guscio. Completare con le banane.

f) Guarnire il centro con salsa di fragole.

26. Pina colada pavlova

INGREDIENTI:
MERINGA
- 5 albumi d'uovo, temperatura ambiente
- ¼ cucchiaino di cremor tartaro
- 1 tazza e ½ di zucchero semolato
- 2 cucchiaini di farina di mais
- 1 cucchiaino di aceto di sidro
- ½ cucchiaino di essenza di vaniglia

CAGLIATA DI ANANAS
- 1 tazza di succo di ananas
- ¼ tazza di zucchero
- 3 tuorli d'uovo
- 2 cucchiai e mezzo di farina di mais
- pizzico di sale
- 50 grammi di burro, tagliato a cubetti
- 1 cucchiaio di Malibù

CREMA DI YOGURT
- Crema da 300 ml
- 2 cucchiai di zucchero a velo
- ½ tazza di yogurt al cocco denso

PER SERVIRE
- 1 tazza di ananas fresco tritato finemente mescolato con 2 cucchiaini di Malibu
- ⅓ tazza di cocco grattugiato leggermente tostato
- fiori secchi di ananas

ISTRUZIONI:
a) Per preparare le meringhe preriscaldare il forno a 120°C. Foderate 2 teglie con carta da forno e disegnate su ciascuna un cerchio di 20 cm di diametro.

b) Montare insieme gli albumi e il cremor tartaro fino a ottenere una consistenza morbida.

c) Aggiungete poco a poco lo zucchero semolato e continuate a sbattere per 6-8 minuti fino ad ottenere un composto sodo e lucido. Incorporare la farina di mais, l'aceto e l'essenza di vaniglia.

d) Disporre la meringa sulle teglie preparate, distribuendola all'interno dei bordi dei cerchi disegnati. Cuocere nel forno preriscaldato per 2 ore. Lasciare raffreddare in forno.

e) Per preparare la cagliata, mettere in un pentolino il succo d'ananas, lo zucchero, i tuorli d'uovo, la farina di mais e il sale. Sbattere continuamente a fuoco medio finché non diventa molto denso.

f) Togliere dal fuoco, mantecare con il burro e filtrare attraverso un colino in una ciotola. Mescolare il Malibu e conservare in frigorifero.

g) Per preparare la crema allo yogurt, montare la panna e lo zucchero a velo fino a ottenere una consistenza densa. Aggiungere lo yogurt e frullare per assicurarsi che sia ancora denso. Accantonare.

h) Per assemblare, posizionare uno strato di meringa su un piatto o un piatto da portata. Mescola velocemente la cagliata di ananas in modo che sia liscia e distribuiscine metà sulla meringa. Completare con metà dell'ananas tagliato a pezzetti e uno strato di crema allo yogurt. Cospargere con metà del cocco. Posizionare con cura il secondo strato di meringa sopra e ripetere con la cagliata rimanente, l'ananas fresco e la panna (turbinii se lo si desidera). Completare con i restanti fiori di cocco e ananas.

PER DECORARE (FIORI DI ANANAS)

i) Per realizzare i fiori di ananas, disponete delle fette molto sottili di ananas fresco su una teglia rivestita di carta da forno.

j) Asciugare in forno lento e basso (120°C) per 2-3 ore con lo sportello leggermente socchiuso. Girare a metà cottura.

k) Devono essere ben asciutti e leggermente colorati: più la fetta è spessa, più tempo ci vorrà, quindi fatele il più sottili possibile.

l) Disponete le fette in una teglia da mini muffin formando un fiore. Conservare in un contenitore ermetico.

m) È meglio prepararlo non prima del giorno prima di servire la pavlova.

INGREDIENTI:
PAVLOVA AL BURRO DI ARACHIDI E GELATINA
- ¾ di tazza (120 g) di arachidi tostate
- 1 cucchiaino di farina di mais (amido di mais)
- 2 cucchiaini di zucchero a velo (pasticceria)
- 6 albumi
- 1 tazza e ½ (330 g) di zucchero semolato (superfino)
- ¼ cucchiaino di sale
- 1 cucchiaino di farina di mais (amido di mais), extra
- 1 cucchiaino di aceto bianco
- 2 tazze (500 ml) di panna addensata (pesante).

COMPOSTA DI FRAGOLE
- ⅓ tazza (75 g) di zucchero semolato (superfino)
- ¼ di tazza (60 ml) di acqua
- 750 grammi di fragole, a fette

ISTRUZIONI:

PREPARA LA COMPOSTA DI FRAGOLE

a)   Mescolare lo zucchero e l'acqua in un pentolino a fuoco basso, senza far bollire, finché lo zucchero non si scioglie. Portare ad ebollizione; far bollire, senza mescolare, per 2 minuti o finché non si addensa leggermente.

b)   Aggiungi le fragole; cuocere a fuoco basso per 2 minuti o fino a quando non sarà appena riscaldato. Trasferire in una ciotola mediamente resistente al calore; raffreddare completamente.

PAVLOVA AL BURRO DI ARACHIDI E GELATINA

c)   Lavorare le arachidi, la farina di mais e lo zucchero a velo fino a tritarli grossolanamente.

d)   Preriscaldare il forno a 150°C/300°F.

e)   Ungere una grande teglia da forno. Segna un rettangolo di 18 cm x 30 cm (7¼ pollici x 12 pollici) su un pezzo di carta da forno; girare la carta sul vassoio, con il lato contrassegnato rivolto verso il basso.

f)   Sbattere gli albumi in una ciotola capiente con uno sbattitore elettrico fino a formare dei picchi morbidi; aggiungere gradualmente lo zucchero semolato, 1 cucchiaio alla volta, sbattendo fino a quando non si scioglie dopo ogni aggiunta. Aggiungere sale, farina di mais extra e aceto.

g)   Distribuire il composto di meringa appena all'interno del rettangolo contrassegnato sul vassoio, facendo roteare la meringa mentre si spalma. Distribuire il composto di arachidi sulla meringa.

h)   Ridurre il forno a 120°C/250°F; cuocere la pavlova per 45 minuti o fino a quando non sarà asciutta al tatto. Spegnere il forno; raffreddare in forno con lo sportello socchiuso, per almeno 2 ore.

i)   Sbattere la panna in una piccola ciotola con un mixer elettrico fino a formare dei picchi morbidi.

j)   Cucchiaio di crema sulla pavlova; guarnire con composta di fragole. Servire immediatamente.

VARIAZIONI REGIONALI

28. Pavlova di kiwi neozelandese

INGREDIENTI:
- 4 albumi d'uovo
- 1¼ tazza di zucchero semolato (semolato).
- 1 cucchiaino di aceto bianco
- 1 cucchiaino di essenza di vaniglia (estratto)
- 1 cucchiaio di farina di mais (amido di mais)
- ½ litro di Crema
- 2 Kiwi
- 4 Frutto della passione

ISTRUZIONI:
a) Preriscaldare il forno a 180°C. Utilizzando uno sbattitore elettrico, sbattere gli albumi e lo zucchero per 10 minuti o fino a ottenere un composto denso e lucido.

b) Mescolare insieme aceto, vaniglia e farina di mais.

c) Aggiungi alla meringa. Sbattere ad alta velocità per altri 5 minuti. Foderare una teglia da forno con carta da forno (non ungere).

d) Disegna un cerchio di 22 cm sulla carta da forno. Stendere il composto della pavlova fino a 2 cm dal bordo del cerchio, mantenendo la forma il più rotonda e uniforme possibile.

e) Superficie superiore liscia. Mettete la pavlova nel forno e poi abbassate la temperatura a 100°C. Cuocere la pavlova per 1 ora. Spegnere il forno. Aprire leggermente la porta del forno e lasciare la pavlova nel forno finché non sarà fredda. Sollevare con attenzione la pavlova su un piatto da portata. Decorare con panna montata, kiwi a fette e polpa di frutto della passione fresco.

29. Pavlova ai frutti tropicali

INGREDIENTI:
- 4 grandi albumi d'uovo a temperatura ambiente
- 1 pizzico di sale
- 225 grammi di zucchero semolato
- 2 cucchiaini di farina di mais
- 1 pizzico di cremor tartaro
- 1 cucchiaino di aceto di vino bianco
- 4 gocce di estratto di vaniglia
- 2 Frutto della passione
- Frutta tropicale matura come il mango; kiwi, carambola e uva spina
- 150 ml Doppia panna
- 200 ml di crème fraîche

ISTRUZIONI:
a) Preriscaldare il forno a 150°C/300°F/Gas 2.

b) Foderare una teglia con carta da forno antiaderente e disegnare un cerchio di 22 cm/9". Per la meringa: sbattere gli albumi con il sale in una ciotola ampia e pulita fino a quando non si saranno formati dei picchi rigidi.

c) Sbattere lo zucchero un terzo alla volta, sbattendo bene tra ogni aggiunta fino a quando diventa solido e molto lucido. Cospargere la farina di mais, il cremor tartaro, l'aceto e l'estratto di vaniglia e incorporare delicatamente.

d) Impila la meringa sulla carta all'interno del cerchio, assicurandoti che ci sia un sostanziale incavo al centro.

e) Mettere nel forno e abbassare immediatamente la fiamma a 120°C/Gas ¼ e cuocere per 1½-2 ore finché non diventa marrone chiaro ma leggermente morbido al centro. Spegnere il forno, lasciare lo sportello leggermente socchiuso e lasciar raffreddare completamente.

f) Per il ripieno: tagliare a metà il frutto della passione ed estrarre la polpa. Sbucciare e affettare la frutta selezionata secondo necessità.

g) Mettete la panna in una ciotola e montatela fino a renderla densa, quindi aggiungetela alla crème fraiche. Togliete la carta dalla pavlova e posizionatela su un piatto.

h) Versarvi sopra il composto di panna e adagiarvi sopra la frutta, rifinendo con la polpa del frutto della passione. Servire subito.

30. Pavlova australiana classica

INGREDIENTI:
4 albumi d'uovo grandi
1 tazza di zucchero superfino
1 cucchiaino di amido di mais
1 cucchiaino di aceto bianco
1 cucchiaino di estratto di vaniglia
Panna montata
Frutta fresca (fragole, kiwi, frutto della passione, ecc.)
ISTRUZIONI:

Preriscaldare il forno a 150°C (300°F).
Sbattere gli albumi fino a formare picchi rigidi.
Aggiungere gradualmente lo zucchero, l'amido di mais, l'aceto e
l'estratto di vaniglia continuando a sbattere fino a ottenere un
composto denso e lucido.
Foderare una teglia con carta da forno e modellare il composto in un
disco rotondo, creando una conca al centro.
Cuocere per 1 ora o fino a quando l'esterno sarà croccante.
Spegnete il forno e lasciate raffreddare la Pavlova all'interno.
Una volta raffreddato, riempire il centro con la panna montata e
guarnire con la frutta fresca.

31. Pavlova americana

INGREDIENTI:
4 albumi d'uovo grandi
1 tazza di zucchero semolato
1 cucchiaino di amido di mais
1 cucchiaino di aceto bianco
1 cucchiaino di estratto di vaniglia
Panna montata
Frutti di bosco misti (fragole, mirtilli, lamponi)
ISTRUZIONI:

Preriscaldare il forno a 250°F (120°C).
Sbattere gli albumi fino a formare picchi morbidi.
Aggiungere gradualmente lo zucchero continuando a sbattere fino ad ottenere un composto denso e lucido.
Mescola l'amido di mais, l'aceto e l'estratto di vaniglia in una ciotola separata, quindi uniscili al composto di albume.
Foderare una teglia con carta da forno e modellare il composto in un disco rotondo, creando una conca al centro.
Cuocere per 1 ora e 15 minuti o fino a quando la parte esterna sarà croccante.
Spegnete il forno e lasciate raffreddare la Pavlova all'interno.
Una volta raffreddato, riempire il centro con la panna montata e guarnire con i frutti di bosco.

32. British Summer Berry Pavlova

INGREDIENTI:
1 albumi d'uovo grandi
1 tazza di zucchero semolato
1 cucchiaino di amido di mais
1 cucchiaino di aceto bianco
1 cucchiaino di estratto di vaniglia
Panna montata
Frutti di bosco misti estivi (fragole, lamponi, more)
ISTRUZIONI:

Preriscaldare il forno a 150°C (300°F).
Sbattere gli albumi fino a formare picchi rigidi.
Aggiungere gradualmente lo zucchero continuando a sbattere fino ad ottenere un composto denso e lucido.
Mescola l'amido di mais, l'aceto e l'estratto di vaniglia in una ciotola separata, quindi uniscili al composto di albume.
Foderare una teglia con carta da forno e modellare il composto in un disco rotondo, creando una conca al centro.
Cuocere per 1 ora o fino a quando l'esterno sarà croccante.
Spegnete il forno e lasciate raffreddare la Pavlova all'interno.
Una volta raffreddato, riempire il centro con la panna montata e guarnire con i frutti di bosco estivi.

INGREDIENTI:
4 albumi d'uovo grandi
1 tazza di zucchero semolato
1 cucchiaino di amido di mais
1 cucchiaino di aceto bianco
1 cucchiaino di estratto di vaniglia
Panna montata
Lamponi freschi
Per la coulis di lamponi: 1 tazza di lamponi freschi, 2 cucchiai di zucchero, 1 cucchiaio di succo di limone
ISTRUZIONI:

Preriscaldare il forno a 250°F (120°C).
Sbattere gli albumi fino a formare picchi rigidi.
Aggiungere gradualmente lo zucchero continuando a sbattere fino ad ottenere un composto denso e lucido.
Mescola l'amido di mais, l'aceto e l'estratto di vaniglia in una ciotola separata, quindi uniscili al composto di albume.
Foderare una teglia con carta da forno e modellare il composto in un disco rotondo, creando una conca al centro.
Cuocere per 1 ora e 15 minuti o fino a quando la parte esterna sarà croccante.
Spegnete il forno e lasciate raffreddare la Pavlova all'interno.
Una volta raffreddato riempire il centro con la panna montata.
Per la coulis di lamponi, frullare i lamponi freschi, lo zucchero e il succo di limone in un frullatore fino ad ottenere un composto omogeneo. Cospargere la coulis sulla Pavlova e guarnire con lamponi freschi.

INGREDIENTI:

6 albumi
1 1/2 tazze di zucchero semolato
1 cucchiaio di amido di mais
1 cucchiaino di aceto bianco
1 cucchiaino di scorza di limone
1 tazza di panna montata
1 tazza di frutti di bosco misti (fragole, mirtilli, lamponi)
Foglie di menta fresca per guarnire

ISTRUZIONI:

Preriscaldare il forno a 150°C (300°F). Foderare una teglia con carta da forno.

In una grande ciotola, sbatti gli albumi fino a formare picchi morbidi. Aggiungete poco alla volta lo zucchero, un cucchiaio alla volta, continuando a montare gli albumi a neve ferma.

Incorporate delicatamente l'amido di mais, l'aceto bianco e la scorza di limone.

Versare il composto di meringa sulla teglia preparata, formando una base rotonda di pavlova con i bordi leggermente rialzati.

Cuocere per 1 ora o fino a quando la pavlova sarà croccante fuori e leggermente morbida dentro. Spegnete il forno e lasciate raffreddare completamente la pavlova all'interno del forno.

Una volta che la pavlova si sarà raffreddata, trasferitela con cura su un piatto da portata. Riempire il centro con panna montata e guarnire con frutti di bosco misti.

Decorare con foglioline di menta fresca e servire subito.

INGREDIENTI:

6 albumi
1 1/2 tazze di zucchero semolato
1 cucchiaio di amido di mais
1 cucchiaino di aceto bianco
2 cucchiai di cacao in polvere
1 cucchiaino di estratto di vaniglia
2 tazze di panna montata
1 tazza di ciliegie snocciolate, scolate
Cioccolato grattugiato per guarnire

ISTRUZIONI:

Preriscaldare il forno a 150°C (300°F). Foderare una teglia con carta da forno.
In una grande ciotola, sbatti gli albumi fino a formare picchi morbidi.
Aggiungete poco alla volta lo zucchero, un cucchiaio alla volta, continuando a montare gli albumi a neve ferma.
Incorporare delicatamente l'amido di mais, l'aceto bianco, il cacao in polvere e l'estratto di vaniglia.
Versare il composto di meringa sulla teglia preparata, formando una base rotonda di pavlova con i bordi leggermente rialzati.
Cuocere per 1 ora o fino a quando la pavlova sarà croccante fuori e leggermente morbida dentro. Spegnete il forno e lasciate raffreddare completamente la pavlova all'interno del forno.
Una volta che la pavlova si sarà raffreddata, trasferitela con cura su un piatto da portata. Riempire il centro con panna montata e guarnire con le ciliegie snocciolate.
Cospargere la superficie con cioccolato grattugiato per guarnire e servire.

36. Pavlova svedese di mirtilli rossi

INGREDIENTI:

6 albumi
1 1/2 tazze di zucchero semolato
1 cucchiaio di amido di mais
1 cucchiaino di aceto bianco
1 tazza di panna montata
1/2 tazza di marmellata di mirtilli rossi
Mirtilli rossi freschi per guarnire

ISTRUZIONI:

Preriscaldare il forno a 150°C (300°F). Foderare una teglia con carta da forno.

In una grande ciotola, sbatti gli albumi fino a formare picchi morbidi. Aggiungete poco alla volta lo zucchero, un cucchiaio alla volta, continuando a montare gli albumi a neve ferma.

Incorporate delicatamente l'amido di mais e l'aceto bianco.

Versare il composto di meringa sulla teglia preparata, formando una base rotonda di pavlova con i bordi leggermente rialzati.

Cuocere per 1 ora o fino a quando la pavlova sarà croccante fuori e leggermente morbida dentro. Spegnete il forno e lasciate raffreddare completamente la pavlova all'interno del forno.

Una volta che la pavlova si sarà raffreddata, trasferitela con cura su un piatto da portata. Riempire il centro con panna montata e guarnire con marmellata di mirtilli rossi.

Decorare con mirtilli rossi freschi e servire.

37. Pavlova tropicale brasiliana

INGREDIENTI:

6 albumi
1 1/2 tazze di zucchero semolato
1 cucchiaio di amido di mais
1 cucchiaino di aceto bianco
1 tazza di panna montata
1 tazza di ananas fresco a fette
1 tazza di mango fresco a dadini
1/2 tazza di cocco grattugiato
Foglie di menta fresca per guarnire

ISTRUZIONI:

Preriscaldare il forno a 150°C (300°F). Foderare una teglia con carta da forno.

In una grande ciotola, sbatti gli albumi fino a formare picchi morbidi. Aggiungete poco alla volta lo zucchero, un cucchiaio alla volta, continuando a montare gli albumi a neve ferma.

Incorporate delicatamente l'amido di mais e l'aceto bianco.

Versare il composto di meringa sulla teglia preparata, formando una base rotonda di pavlova con i bordi leggermente rialzati.

Cuocere per 1 ora o fino a quando la pavlova sarà croccante fuori e leggermente morbida dentro. Spegnete il forno e lasciate raffreddare completamente la pavlova all'interno del forno.

Una volta che la pavlova si sarà raffreddata, trasferitela con cura su un piatto da portata. Riempire il centro con panna montata e guarnire con ananas a fette, mango a dadini e cocco grattugiato.

Decorare con foglioline di menta fresca e servire.

38. Pavlova greca al miele e noce

INGREDIENTI:

6 albumi
1 1/2 tazze di zucchero semolato
1 cucchiaio di amido di mais
1 cucchiaino di aceto bianco
1 cucchiaino di estratto di vaniglia
1 tazza di panna montata
1/2 tazza di noci tritate
2 cucchiai di miele

ISTRUZIONI:

Preriscaldare il forno a 150°C (300°F). Foderare una teglia con carta da forno.

In una grande ciotola, sbatti gli albumi fino a formare picchi morbidi. Aggiungete poco alla volta lo zucchero, un cucchiaio alla volta, continuando a montare gli albumi a neve ferma.

Incorporare delicatamente l'amido di mais, l'aceto bianco e l'estratto di vaniglia.

Versare il composto di meringa sulla teglia preparata, formando una base rotonda di pavlova con i bordi leggermente rialzati.

Cuocere per 1 ora o fino a quando la pavlova sarà croccante fuori e leggermente morbida dentro. Spegnete il forno e lasciate raffreddare completamente la pavlova all'interno del forno.

Una volta che la pavlova si sarà raffreddata, trasferitela con cura su un piatto da portata. Riempire il centro con panna montata e guarnire con le noci tritate.

Cospargere il miele sopra e servire.

39. Pavlova ispirata al Churro spagnolo

INGREDIENTI:

6 albumi
1 1/2 tazze di zucchero semolato
1 cucchiaio di amido di mais
1 cucchiaino di aceto bianco
1 cucchiaino di estratto di vaniglia
1 cucchiaino di cannella in polvere
1 tazza di panna montata
Bastoncini di churro o bastoncini di zucchero alla cannella per guarnire

ISTRUZIONI:

Preriscaldare il forno a 150°C (300°F). Foderare una teglia con carta da forno.

In una grande ciotola, sbatti gli albumi fino a formare picchi morbidi. Aggiungete poco alla volta lo zucchero, un cucchiaio alla volta, continuando a montare gli albumi a neve ferma.

Incorporare delicatamente l'amido di mais, l'aceto bianco, l'estratto di vaniglia e la cannella in polvere.

Versare il composto di meringa sulla teglia preparata, formando una base rotonda di pavlova con i bordi leggermente rialzati.

Cuocere per 1 ora o fino a quando la pavlova sarà croccante fuori e leggermente morbida dentro. Spegnete il forno e lasciate raffreddare completamente la pavlova all'interno del forno.

Una volta che la pavlova si sarà raffreddata, trasferitela con cura su un piatto da portata. Riempire il centro con panna montata.

Guarnire con bastoncini di churro o bastoncini di zucchero alla cannella e servire.

INGREDIENTI:

6 albumi
1 1/2 tazze di zucchero semolato
1 cucchiaio di amido di mais
1 cucchiaino di aceto bianco
1 cucchiaino di estratto di vaniglia
Scorza di 1 lime
1 tazza di panna montata
2 manghi maturi, sbucciati e tagliati a cubetti
Fette di lime per guarnire

ISTRUZIONI:

Preriscaldare il forno a 150°C (300°F). Foderare una teglia con carta da forno.

In una grande ciotola, sbatti gli albumi fino a formare picchi morbidi. Aggiungete poco alla volta lo zucchero, un cucchiaio alla volta, continuando a montare gli albumi a neve ferma.

Incorporare delicatamente l'amido di mais, l'aceto bianco, l'estratto di vaniglia e la scorza di lime.

Versare il composto di meringa sulla teglia preparata, formando una base rotonda di pavlova con i bordi leggermente rialzati.

Cuocere per 1 ora o fino a quando la pavlova sarà croccante fuori e leggermente morbida dentro. Spegnete il forno e lasciate raffreddare completamente la pavlova all'interno del forno.

Una volta che la pavlova si sarà raffreddata, trasferitela con cura su un piatto da portata. Riempire il centro con panna montata e guarnire con i manghi a dadini.

Decorare con fettine di lime e servire.

INGREDIENTI:

6 albumi
1 1/2 tazze di zucchero semolato
1 cucchiaio di amido di mais
1 cucchiaino di aceto bianco
1 cucchiaino di acqua di rose
1 tazza di panna montata
1/2 tazza di pistacchi tritati
Petali di rosa essiccati per guarnire

ISTRUZIONI:

Preriscaldare il forno a 150°C (300°F). Foderare una teglia con carta da forno.

In una grande ciotola, sbatti gli albumi fino a formare picchi morbidi. Aggiungete poco alla volta lo zucchero, un cucchiaio alla volta, continuando a montare gli albumi a neve ferma.

Incorporare delicatamente l'amido di mais, l'aceto bianco e l'acqua di rose.

Versare il composto di meringa sulla teglia preparata, formando una base rotonda di pavlova con i bordi leggermente rialzati.

Cuocere per 1 ora o fino a quando la pavlova sarà croccante fuori e leggermente morbida dentro. Spegnete il forno e lasciate raffreddare completamente la pavlova all'interno del forno.

Una volta che la pavlova si sarà raffreddata, trasferitela con cura su un piatto da portata. Riempire il centro con panna montata e guarnire con i pistacchi tritati.

Cospargere i petali di rosa essiccati sopra per guarnire e servire.

42. Cardamomo indiano-Mango Pavlova

INGREDIENTI:

6 albumi
1 1/2 tazze di zucchero semolato
1 cucchiaio di amido di mais
1 cucchiaino di aceto bianco
1 cucchiaino di estratto di vaniglia
1 cucchiaino di cardamomo macinato
1 tazza di panna montata
2 manghi maturi, sbucciati e affettati
Pistacchi tritati per guarnire

ISTRUZIONI:

Preriscaldare il forno a 150°C (300°F). Foderare una teglia con carta da forno.

In una grande ciotola, sbatti gli albumi fino a formare picchi morbidi. Aggiungete poco alla volta lo zucchero, un cucchiaio alla volta, continuando a montare gli albumi a neve ferma.

Incorporare delicatamente l'amido di mais, l'aceto bianco, l'estratto di vaniglia e il cardamomo macinato.

Versare il composto di meringa sulla teglia preparata, formando una base rotonda di pavlova con i bordi leggermente rialzati.

Cuocere per 1 ora o fino a quando la pavlova sarà croccante fuori e leggermente morbida dentro. Spegnete il forno e lasciate raffreddare completamente la pavlova all'interno del forno.

Una volta che la pavlova si sarà raffreddata, trasferitela con cura su un piatto da portata. Riempire il centro con panna montata e guarnire con mango a fette.

Decorare con pistacchi tritati e servire.

INGREDIENTI:

6 albumi
1 1/2 tazze di zucchero semolato
1 cucchiaio di amido di mais
1 cucchiaino di aceto bianco
1 cucchiaino di estratto di vaniglia
1 cucchiaio di polvere di tè verde matcha
1 tazza di panna montata
Frutti di bosco freschi per guarnire

ISTRUZIONI:

Preriscaldare il forno a 150°C (300°F). Foderare una teglia con carta da forno.
In una grande ciotola, sbatti gli albumi fino a formare picchi morbidi.
Aggiungete poco alla volta lo zucchero, un cucchiaio alla volta, continuando a montare gli albumi a neve ferma.
Incorporare delicatamente l'amido di mais, l'aceto bianco, l'estratto di vaniglia e la polvere di tè verde matcha.
Versare il composto di meringa sulla teglia preparata, formando una base rotonda di pavlova con i bordi leggermente rialzati.
Cuocere per 1 ora o fino a quando la pavlova sarà croccante fuori e leggermente morbida dentro. Spegnete il forno e lasciate raffreddare completamente la pavlova all'interno del forno.
Una volta che la pavlova si sarà raffreddata, trasferitela con cura su un piatto da portata. Riempire il centro con panna montata.
Decorare con frutti di bosco freschi e servire.

44. Amarula Pavlova sudafricana

INGREDIENTI:

6 albumi
1 1/2 tazze di zucchero semolato
1 cucchiaio di amido di mais
1 cucchiaino di aceto bianco
1 cucchiaino di estratto di vaniglia
1/4 tazza di liquore Amarula
1 tazza di panna montata
Frutti di bosco freschi per guarnire

ISTRUZIONI:

Preriscaldare il forno a 150°C (300°F). Foderare una teglia con carta da forno.

In una grande ciotola, sbatti gli albumi fino a formare picchi morbidi. Aggiungete poco alla volta lo zucchero, un cucchiaio alla volta, continuando a montare gli albumi a neve ferma.

Incorporare delicatamente l'amido di mais, l'aceto bianco, l'estratto di vaniglia e il liquore Amarula.

Versare il composto di meringa sulla teglia preparata, formando una base rotonda di pavlova con i bordi leggermente rialzati.

Cuocere per 1 ora o fino a quando la pavlova sarà croccante fuori e leggermente morbida dentro. Spegnete il forno e lasciate raffreddare completamente la pavlova all'interno del forno.

Una volta che la pavlova si sarà raffreddata, trasferitela con cura su un piatto da portata. Riempire il centro con panna montata.

Decorare con frutti di bosco freschi e servire.

INGREDIENTI:

6 albumi
1 1/2 tazze di zucchero semolato
1 cucchiaio di amido di mais
1 cucchiaino di aceto bianco
1 cucchiaino di estratto di vaniglia
1/4 tazza di sciroppo d'acero
1 tazza di panna montata
1/2 tazza di noci pecan tritate
Sciroppo d'acero per condire

ISTRUZIONI:

Preriscaldare il forno a 150°C (300°F). Foderare una teglia con carta da forno.

In una grande ciotola, sbatti gli albumi fino a formare picchi morbidi. Aggiungete poco alla volta lo zucchero, un cucchiaio alla volta, continuando a montare gli albumi a neve ferma.

Incorporare delicatamente l'amido di mais, l'aceto bianco, l'estratto di vaniglia e lo sciroppo d'acero.

Versare il composto di meringa sulla teglia preparata, formando una base rotonda di pavlova con i bordi leggermente rialzati.

Cuocere per 1 ora o fino a quando la pavlova sarà croccante fuori e leggermente morbida dentro. Spegnete il forno e lasciate raffreddare completamente la pavlova all'interno del forno.

Una volta che la pavlova si sarà raffreddata, trasferitela con cura su un piatto da portata. Riempire il centro con panna montata e guarnire con le noci pecan tritate.

Versare lo sciroppo d'acero sopra e servire.

INGREDIENTI:

6 albumi
1 1/2 tazze di zucchero semolato
1 cucchiaio di amido di mais
1 cucchiaino di aceto bianco
1 cucchiaino di estratto di vaniglia
4 stroopwafel olandesi, schiacciati
1 tazza di panna montata
2 pere mature, affettate sottilmente
Salsa al caramello per condire

ISTRUZIONI:

Preriscaldare il forno a 150°C (300°F). Foderare una teglia con carta da forno.

In una grande ciotola, sbatti gli albumi fino a formare picchi morbidi. Aggiungete poco alla volta lo zucchero, un cucchiaio alla volta, continuando a montare gli albumi a neve ferma.

Incorporare delicatamente l'amido di mais, l'aceto bianco, l'estratto di vaniglia e gli stroopwafel tritati.

Versare il composto di meringa sulla teglia preparata, formando una base rotonda di pavlova con i bordi leggermente rialzati.

Cuocere per 1 ora o fino a quando la pavlova sarà croccante fuori e leggermente morbida dentro. Spegnete il forno e lasciate raffreddare completamente la pavlova all'interno del forno.

Una volta che la pavlova si sarà raffreddata, trasferitela con cura su un piatto da portata. Riempire il centro con panna montata e guarnire con le pere a fette.

Cospargere la salsa al caramello sopra e servire.

INGREDIENTI:

6 albumi
1 1/2 tazze di zucchero semolato
1 cucchiaio di amido di mais
1 cucchiaino di aceto bianco
1 cucchiaino di estratto di vaniglia
1 cucchiaino di acqua di fiori d'arancio
1 tazza di panna montata
Spicchi d'arancia per guarnire
Pistacchi tritati per guarnire

ISTRUZIONI:

Preriscaldare il forno a 150°C (300°F). Foderare una teglia con carta da forno.

In una grande ciotola, sbatti gli albumi fino a formare picchi morbidi. Aggiungete poco alla volta lo zucchero, un cucchiaio alla volta, continuando a montare gli albumi a neve ferma.

Incorporare delicatamente l'amido di mais, l'aceto bianco, l'estratto di vaniglia e l'acqua di fiori d'arancio.

Versare il composto di meringa sulla teglia preparata, formando una base rotonda di pavlova con i bordi leggermente rialzati.

Cuocere per 1 ora o fino a quando la pavlova sarà croccante fuori e leggermente morbida dentro. Spegnete il forno e lasciate raffreddare completamente la pavlova all'interno del forno.

Una volta che la pavlova si sarà raffreddata, trasferitela con cura su un piatto da portata. Riempire il centro con panna montata.

Decorare con spicchi d'arancia e pistacchi tritati e servire.

INGREDIENTI:

6 albumi
1 1/2 tazze di zucchero semolato
1 cucchiaio di amido di mais
1 cucchiaino di aceto bianco
1 cucchiaino di estratto di vaniglia
1 cucchiaino di estratto di pandano
1 tazza di panna montata
1/2 tazza di cocco grattugiato, tostato
Foglie di pandano fresche per guarnire (facoltativo)

ISTRUZIONI:

Preriscaldare il forno a 150°C (300°F). Foderare una teglia con carta da forno.

In una grande ciotola, sbatti gli albumi fino a formare picchi morbidi. Aggiungete poco alla volta lo zucchero, un cucchiaio alla volta, continuando a montare gli albumi a neve ferma.

Incorpora delicatamente l'amido di mais, l'aceto bianco, l'estratto di vaniglia e l'estratto di pandan.

Versare il composto di meringa sulla teglia preparata, formando una base rotonda di pavlova con i bordi leggermente rialzati.

Cuocere per 1 ora o fino a quando la pavlova sarà croccante fuori e leggermente morbida dentro. Spegnete il forno e lasciate raffreddare completamente la pavlova all'interno del forno.

Una volta che la pavlova si sarà raffreddata, trasferitela con cura su un piatto da portata. Riempire il centro con panna montata e guarnire con cocco grattugiato tostato.

Guarnire con foglie di pandan fresche, se lo si desidera, e servire.

COLAZIONI ISPIRATE DA PAVLOVA

49. Pavlova Waffle

INGREDIENTI:
- 1 tazza e ½ di farina per tutti gli usi
- 2 cucchiaini di lievito in polvere
- ½ cucchiaino di sale
- 2 cucchiai di zucchero semolato
- 1 tazza e ¼ di latte
- 2 uova
- ½ cucchiaino di estratto di vaniglia
- 2 mini conchiglie Pavlova, sbriciolate
- Panna montata, per servire
- Frutti di bosco misti, per servire

ISTRUZIONI:
a) In una ciotola capiente, sbatti insieme la farina, il lievito, il sale e lo zucchero.

b) In un'altra ciotola, sbatti insieme il latte, le uova e l'estratto di vaniglia.

c) Aggiungi gli ingredienti umidi agli ingredienti secchi e mescola fino a quando non saranno ben amalgamati.

d) Incorporate le mini conchiglie Pavlova sbriciolate.

e) Preriscalda la piastra per waffle e spruzzala con spray da cucina antiaderente.

f) Versare l'impasto nella piastra per waffle e cuocere secondo le istruzioni del produttore.

g) Servire i waffle conditi con panna montata e frutti di bosco.

INGREDIENTI:

- 1 tazza di quinoa cotta
- ½ tazza di yogurt greco bianco
- 1 cucchiaio di miele
- 1 mini conchiglia Pavlova, sbriciolata
- ¼ tazza di frutti di bosco misti
- ¼ tazza di mandorle a fette

ISTRUZIONI:

a) In una ciotola, mescolare insieme la quinoa cotta, lo yogurt greco e il miele.

b) Ricoprire il composto di quinoa con il guscio della mini Pavlova sbriciolata.

c) Aggiungere sopra i frutti di bosco misti e le mandorle a lamelle.

d) Servire immediatamente.

51. Pavlova French Toast

INGREDIENTI:
- 4 fette di pane
- 3 uova
- ½ tazza di latte
- ½ cucchiaino di estratto di vaniglia
- ¼ cucchiaino di cannella
- 2 mini conchiglie Pavlova, sbriciolate
- Burro, per cucinare
- Panna montata, per servire
- Frutti di bosco misti, per servire

ISTRUZIONI:

a) In un piatto fondo, sbatti insieme le uova, il latte, l'estratto di vaniglia e la cannella.

b) Immergere ogni fetta di pane nel composto di uova, assicurandosi di rivestire entrambi i lati.

c) Scaldare una padella a fuoco medio e sciogliere un po' di burro.

d) Aggiungete le fette di pane nella padella e cuocetele fino a doratura su entrambi i lati.

e) Servire il french toast guarnito con panna montata, frutti di bosco e mini conchiglie di Pavlova sbriciolate.

INGREDIENTI:
- 1 tazza di frutti di bosco misti congelati
- ½ tazza di yogurt greco bianco
- ½ tazza di latte di mandorle
- 1 mini conchiglia Pavlova, sbriciolata
- Frutti di bosco misti, per servire

ISTRUZIONI:
a) In un frullatore, frullare insieme i frutti di bosco congelati, lo yogurt greco e il latte di mandorle fino ad ottenere un composto omogeneo
b) Versare il frullato in una ciotola e ricoprire con il guscio di mini Pavlova sbriciolato e i frutti di bosco.

INGREDIENTI:
- 2 muffin inglesi, divisi e tostati
- 2 fette di prosciutto
- 2 uova, cotte secondo le tue preferenze
- 2 fette di formaggio
- 1 mini conchiglia Pavlova, sbriciolata

ISTRUZIONI:

a) Assemblare i panini disponendo una fetta di prosciutto su ciascuna metà del muffin inglese.

b) Aggiungi un uovo cotto sopra il prosciutto.

c) Coprire ogni uovo con una fetta di formaggio.

d) Cospargere il guscio della mini Pavlova sbriciolato sopra il formaggio.

e) Metti i panini nel tostapane o sotto la griglia finché il formaggio non sarà sciolto e farà le bolle.

f) Servire caldo.

INGREDIENTI:

- 1 tazza di fiocchi d'avena
- 1 tazza e ½ di acqua
- ½ tazza di latte di mandorle
- ½ cucchiaino di estratto di vaniglia
- 1 mini conchiglia Pavlova, sbriciolata
- Frutti di bosco misti, mango e cocco grattugiato per servire

ISTRUZIONI:

a)   In una casseruola portare a ebollizione i fiocchi d'avena, l'acqua, il latte di mandorle e l'estratto di vaniglia.

b)   Ridurre il fuoco e cuocere a fuoco lento per 5-7 minuti, mescolando di tanto in tanto, fino a quando l'avena sarà cotta e il composto si sarà addensato.

c)   Versare la farina d'avena in una ciotola e cospargere sopra il guscio della mini Pavlova sbriciolata.

d)   Aggiungi la frutta e il cocco grattugiato sopra la farina d'avena.

e)   Servire immediatamente.

INGREDIENTI:
1 tazza di yogurt greco
1 tazza di frutti di bosco misti (fragole, mirtilli, lamponi)
2 cucchiai di miele
1 cucchiaio di meringa tritata
ISTRUZIONI:

In un bicchiere o una ciotola, metti a strati lo yogurt greco, i frutti di bosco e il miele.

Cospargere la meringa tritata sopra.

Ripetere gli strati fino ad esaurimento degli ingredienti.

Servire freddo.

56. Mini pancake Pavlova

INGREDIENTI:

1 tazza di farina per tutti gli usi
1 cucchiaio di zucchero
1 cucchiaino di lievito in polvere
1/2 cucchiaino di sale
1 tazza di latte
1 uovo grande
1 cucchiaino di estratto di vaniglia
Frutta fresca (fragole, kiwi, banana) per guarnire
Panna montata per guarnire
Meringa tritata per guarnire

ISTRUZIONI:

In una ciotola, sbatti insieme la farina, lo zucchero, il lievito e il sale.
In un'altra ciotola, sbatti insieme il latte, l'uovo e l'estratto di vaniglia.
Versare gli ingredienti umidi negli ingredienti secchi e mescolare fino ad ottenere un composto ben amalgamato.
Scaldare una padella antiaderente a fuoco medio e versare piccole porzioni di impasto sulla padella.
Cuocere fino a quando non si formeranno delle bollicine in superficie, quindi girare e cuocere fino a doratura.
Ripetere fino ad esaurimento dell'impasto.
Guarnire i mini pancake con frutta fresca, panna montata e meringa tritata.

INGREDIENTI:

2 confezioni di acai congelate
1/2 banana congelata
1/2 tazza di latte di mandorle (o qualsiasi latte a vostra scelta)
1 cucchiaio di miele
Frutta fresca (bacche, banane) per guarnire
Meringa tritata per guarnire

ISTRUZIONI:

In un frullatore, frullare le confezioni di acai congelate, la banana congelata, il latte di mandorle e il miele fino a ottenere un composto liscio e cremoso.

Versare la miscela di acai in una ciotola.

Completare con frutta fresca e meringa tritata.

INGREDIENTI:

1 tortilla o wrap grande
2 cucchiai di crema di formaggio
1 cucchiaio di marmellata di lamponi
Frutta fresca (fragole, mirtilli) per il ripieno
Meringa tritata per guarnire
ISTRUZIONI:

Distribuire uniformemente la crema di formaggio sulla tortilla o avvolgerla.
Versare la marmellata di lamponi sulla crema di formaggio.
Metti la frutta fresca al centro della tortilla o avvolgila.
Arrotolare la tortilla o avvolgerla strettamente.
Cospargere la meringa tritata sopra.
Tagliare la pellicola a metà e servire.

SNACK ISPIRATI A PAVLOVA

INGREDIENTI:
- 1 mini conchiglia Pavlova, sbriciolata
- 1 tazza di frutta mista (come fragole, kiwi e ananas)
- 4 spiedini di legno

ISTRUZIONI:
a) Infilare la frutta mista negli spiedini di legno.
b) Cospargere il guscio della mini Pavlova sbriciolato sopra gli spiedini di frutta.
c) Servire immediatamente.

60. Salsa di cheesecake Pavlova

INGREDIENTI:

- 8 once di crema di formaggio, ammorbidita
- ½ tazza di zucchero a velo
- ½ tazza di panna
- 1 cucchiaino di estratto di vaniglia
- 1 mini conchiglia Pavlova, sbriciolata
- Frutti di bosco misti, per servire

ISTRUZIONI:

a) In una terrina, sbattere la crema di formaggio e lo zucchero a velo fino a ottenere un composto liscio.

b) Aggiungere la panna e l'estratto di vaniglia e sbattere fino a formare picchi rigidi.

c) Piega il guscio della mini Pavlova sbriciolata.

d) Servire la salsa in una ciotola con frutti di bosco a parte.

INGREDIENTI:
- ½ tazza di mandorle
- ½ tazza di anacardi
- ¼ di tazza di datteri snocciolati
- ¼ tazza di mirtilli rossi secchi
- ¼ tazza di cocco grattugiato
- 1 mini conchiglia Pavlova, sbriciolata

ISTRUZIONI:
a)   In un robot da cucina, frullare le mandorle e gli anacardi fino a tritarli finemente.

b)   Aggiungere i datteri, i mirtilli rossi secchi e il cocco grattugiato e frullare finché il composto non si amalgama.

c)   Formate delle palline con il composto e fate rotolare ciascuna pallina nel guscio della mini Pavlova sbriciolata.

d)   Conservare in frigorifero per almeno 30 minuti prima di servire.

INGREDIENTI:

- 2 tazze di fiocchi d'avena
- ½ tazza di miele
- ¼ di tazza di olio di cocco
- ¼ di tazza di mini gocce di cioccolato
- ¼ di tazza di noci tritate (come mandorle o noci pecan)
- 1 mini conchiglia Pavlova, sbriciolata

ISTRUZIONI:

a) Preriscaldare il forno a 175°C (350°F) e rivestire una teglia da 9x9 pollici con carta da forno.

b) In una casseruola, scaldare il miele e l'olio di cocco a fuoco basso finché non si sciolgono e si uniscono.

c) In una terrina, unire i fiocchi d'avena, la miscela di miele fuso, le mini gocce di cioccolato e le noci tritate.

d) Premere uniformemente il composto nella teglia preparata e cospargere sopra il guscio della mini Pavlova sbriciolata.

e) Cuocere per 15-20 minuti, o fino a quando i bordi saranno dorati.

f) Lasciare raffreddare completamente prima di tagliare in barrette.

INGREDIENTI:
- 2 mele, a fette
- ¼ di tazza di burro di mandorle
- ¼ di tazza di mini gocce di cioccolato
- 1 mini conchiglia Pavlova, sbriciolata

ISTRUZIONI:
a) Disporre le fette di mela su un piatto o un piatto da portata.
b) Cospargere il burro di mandorle sulle fette di mela.
c) Cospargere sopra le mini gocce di cioccolato e il mini guscio di Pavlova sbriciolato.
d) Servire immediatamente.

64. Pavlova Trail Mix

INGREDIENTI:
- 1 tazza di frutta secca mista (come mandorle, anacardi e arachidi)
- ½ tazza di frutta secca (come mirtilli rossi o uvetta)
- ¼ di tazza di mini gocce di cioccolato
- 1 mini conchiglia Pavlova, sbriciolata

ISTRUZIONI:
a) In una terrina, unire le noci miste, la frutta secca e le mini gocce di cioccolato.

b) Aggiungere il guscio della mini Pavlova sbriciolata e mescolare fino ad ottenere un composto ben amalgamato.

c) Servire il mix di tracce in una ciotola o porzionato in sacchetti per snack.

65. Pavlova Rice Krispie Treats

INGREDIENTI:
- 6 tazze di cereali Rice Krispie
- ¼ di tazza di burro non salato
- 1 sacchetto (10 once) di mini marshmallow
- 1 mini conchiglia Pavlova, sbriciolata

ISTRUZIONI:
a) Ungere una teglia da 9x13 pollici con spray da cucina o burro.

b) In una pentola capiente, sciogliere il burro a fuoco basso.

c) Aggiungi i mini marshmallow nella pentola e mescola finché non si sciolgono e si uniscono.

d) Aggiungi i cereali Rice Krispie nella pentola e mescola fino a quando saranno ben ricoperti.

e) Premere uniformemente il composto nella teglia preparata e cospargere sopra il guscio della mini Pavlova sbriciolata.

f) Lasciare raffreddare completamente prima di tagliare a quadrotti.

INGREDIENTI:
Mini nidi di meringa
Panna montata
Frutti di bosco freschi (fragole, mirtilli, lamponi)
Foglie di menta per guarnire
ISTRUZIONI:

Riempire ogni mini nido di meringa con un ciuffo di panna montata.

Completare con frutti di bosco freschi.

Guarnire con foglie di menta.

Servire come bocconcini di Pavlova.

INGREDIENTI:

8 once di crema di formaggio, ammorbidita
1 tazza di zucchero a velo
1 cucchiaino di estratto di vaniglia
1/2 tazza di meringa tritata
Frutta fresca (fragole, kiwi, ananas) per immersione
ISTRUZIONI:

In una ciotola, sbatti insieme la crema di formaggio, lo zucchero a velo e l'estratto di vaniglia fino a ottenere un composto omogeneo.

Piegare la meringa tritata.

Trasferire il composto in una ciotola da portata.

Servire con frutta fresca per immersione.

INGREDIENTI:

2 tazze di yogurt greco
2 cucchiai di miele
1 cucchiaino di estratto di vaniglia
Frutta fresca (bacche, kiwi, mango) per guarnire
Meringa tritata per guarnire

ISTRUZIONI:

In una ciotola, mescolare lo yogurt greco, il miele e l'estratto di vaniglia fino a ottenere un composto ben amalgamato.

Foderare una teglia con carta da forno.

Versare il composto di yogurt sulla teglia foderata e distribuirlo uniformemente.

Completare con frutta fresca e meringa tritata.

Mettete la teglia nel congelatore per qualche ora o finché lo yogurt non sarà congelato.

Togliere dal congelatore e rompere la corteccia in pezzetti.

Godetevi la corteccia di yogurt Pavlova come spuntino rinfrescante.

INGREDIENTI:

6 tazze di popcorn scoppiati
1/4 tazza di burro
1/4 tazza di miele
1/4 tazza di meringa tritata

ISTRUZIONI:

Metti i popcorn appena preparati in una ciotola capiente.

In una casseruola, sciogliere il burro a fuoco basso.

Aggiungete il miele e continuate a scaldare finché il composto non sarà ben amalgamato.

Versare il composto di miele e burro sui popcorn e mescolare fino a ricoprirli uniformemente.

Cospargere la meringa tritata sui popcorn e mescolare di nuovo.

Lascia raffreddare i popcorn e goditi i dolci e croccanti popcorn Pavlova.

INGREDIENTI:

Frutta fresca (fragole, ananas, uva, kiwi)
Mini nidi di meringa
Spiedini di legno
ISTRUZIONI:

Tagliare la frutta fresca a pezzetti.

Infilare i pezzi di frutta negli spiedini di legno, alternandoli con mini nidi di meringa.

Disporre gli spiedini di frutta su un piatto da portata.

Servire come spuntino colorato e delizioso ispirato a Pavlova.

INGREDIENTI:

Fragole fresche
Panna montata
Meringa schiacciata

ISTRUZIONI:

Lavare le fragole ed eliminare il picciolo.

Taglia una piccola porzione del fondo di ciascuna fragola in modo che possano stare in piedi.

Svuotare con attenzione il centro di ciascuna fragola utilizzando un cucchiaino o uno scavino per fragole.

Riempire le fragole scavate con la panna montata.

Coprire con meringa tritata.

Disponete le fragole ripiene su un piatto da portata e servite come eleganti finger food ispirati alla Pavlova.

DOLCI ISPIRATI A PAVLOVA

INGREDIENTI:
- 4 albumi grandi, a temperatura ambiente
- 1 tazza di zucchero semolato
- 1 cucchiaino di aceto bianco
- 1 cucchiaino di amido di mais
- 1 cucchiaino di estratto di vaniglia
- Pizzico di sale
- Panna montata
- Frutta fresca per guarnire, come fragole, lamponi o kiwi

ISTRUZIONI:
a) Preriscalda il forno a 150°C (300°F). Foderare una teglia con carta da forno.

b) In una ciotola pulita e asciutta, sbattere gli albumi e il sale a velocità media fino a formare picchi morbidi.

c) Aggiungete poco a poco lo zucchero, un cucchiaio alla volta, continuando a montare gli albumi ad alta velocità fino a quando non si formeranno delle punte ben ferme e il composto sarà lucido e denso.

d) Aggiungere l'aceto, l'amido di mais e l'estratto di vaniglia e incorporarli delicatamente al composto di meringa utilizzando una spatola.

e) Versare il composto di meringa in una sac a poche dotata di una bocchetta rotonda grande.

f) Versare il composto di meringa in piccole tazze circolari sulla teglia preparata.

g) Usa un cucchiaio per creare una cavità al centro di ogni coppa di meringa, lasciando un bordo attorno al bordo.

h) Cuocere le mini coppette pavlova nel forno preriscaldato per 30-35 minuti, o finché l'esterno non sarà croccante e asciutto al tatto.

i) Spegnete il forno e lasciate le mini coppette pavlova all'interno con lo sportello del forno leggermente socchiuso per un'altra ora, o finché non si saranno completamente raffreddate.

j) Una volta che le mini coppette pavlova si saranno raffreddate, toglietele con attenzione dalla teglia.

k) Riempire ogni coppetta mini pavlova con panna montata e guarnire con frutta fresca.

l) Servite subito e gustatevi le vostre deliziose mini tazze pavlova!

INGREDIENTI:
PER GLI STRATI DI MERINGA:
- 6 albumi grandi, a temperatura ambiente
- 1 tazza e ½ di zucchero semolato
- 2 cucchiaini di aceto bianco
- 2 cucchiaini di amido di mais
- 2 cucchiaini di estratto di vaniglia
- Pizzico di sale

PER IL FARCITURA E LA COPERTURA:
- 2 tazze di panna, refrigerata
- ¼ tazza di zucchero a velo
- Frutta fresca, come fragole, lamponi o kiwi

ISTRUZIONI:

a) Preriscalda il forno a 150°C (300°F). Foderare tre tortiere rotonde da 9 pollici con carta pergamena.

b) In una ciotola pulita e asciutta, sbattere gli albumi e il sale a velocità media fino a formare picchi morbidi.

c) Aggiungete poco a poco lo zucchero, un cucchiaio alla volta, continuando a montare gli albumi ad alta velocità fino a quando non si formeranno delle punte ben ferme e il composto sarà lucido e denso.

d) Aggiungere l'aceto, l'amido di mais e l'estratto di vaniglia e incorporarli delicatamente al composto di meringa utilizzando una spatola.

e) Dividere equamente il composto di meringa tra le tortiere preparate, distribuendolo uniformemente e livellando la superficie.

f) Cuocere gli strati di meringa nel forno preriscaldato per 1 ora o finché la parte esterna non sarà croccante e asciutta al tatto.

g) Spegnete il forno e lasciate gli strati di meringa all'interno con la porta del forno leggermente socchiusa per un'altra ora, o fino a quando non saranno completamente freddi.

h) Una volta che gli strati di meringa saranno freddi, rimuoveteli con attenzione dalle tortiere.

i) In una grande ciotola, sbatti la panna e lo zucchero a velo ad alta velocità fino a formare dei picchi rigidi.

j) Disporre uno strato di meringa su un'alzatina o un piatto da portata e spalmare sopra uno strato di panna montata.

k) Aggiungi un altro strato di meringa sopra la panna montata e ripeti con un altro strato di panna montata.

l) Aggiungere l'ultimo strato di meringa sopra la panna montata e spalmare sopra la panna montata rimanente.

m) Decorare la torta pavlova con sopra la frutta fresca.

n) Servite subito e gustatevi la vostra deliziosa torta pavlova!

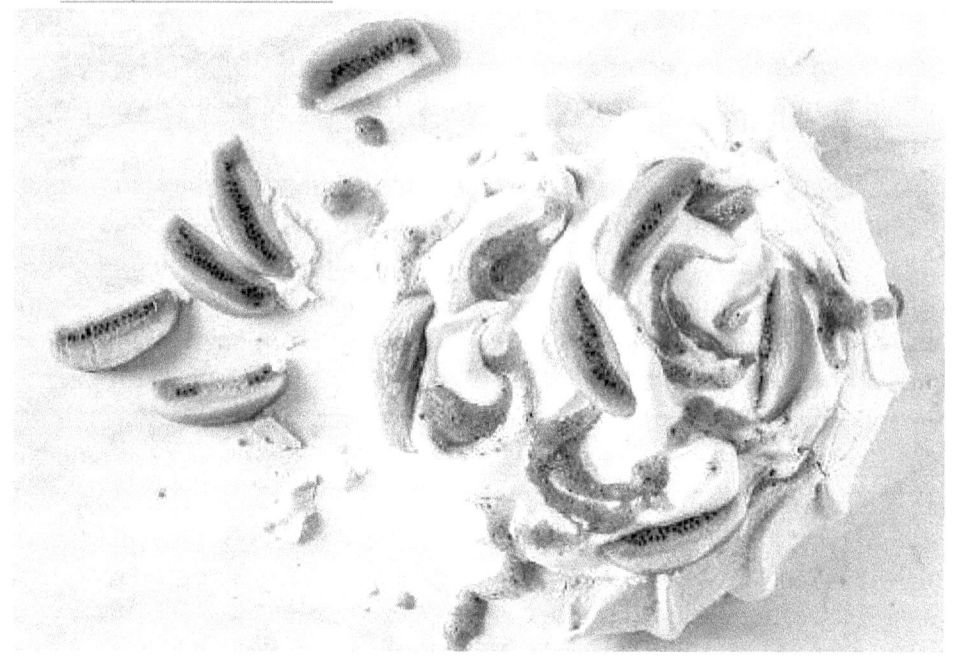

INGREDIENTI:

- 4 albumi; a temperatura ambiente
- Dolcificante; equivalente a 1 cucchiaino
- Sale
- 2 cucchiaini di amido di mais
- 1 cucchiaino di vaniglia
- 1 cucchiaino di aceto
- 2 Kiwi

ISTRUZIONI:

a)   In una ciotola, sbattere gli albumi fino a renderli spumosi. Aggiungere il dolcificante e il sale e continuare a sbattere. Sbattere l'amido di mais, la vaniglia e l'aceto fino a formare picchi morbidi. Lavora velocemente e fai attenzione a non battere troppo.

b)   Sciacquare un pezzo di pergamena da cucina (resistente ai grassi) con acqua.

c)   Disporre su una teglia.

d)   Impila il composto di albume sulla pergamena in un cerchio alto 1 pollice e mezzo. Cuocere in forno a 250F per 1 ora o fino a quando non diventa solido.

e)   Togliere dal forno e far raffreddare nella padella. Capovolgere su un piatto e staccare la carta.

f)   Sbucciare e tagliare a rondelle i kiwi trasversalmente, lasciarne alcuni rotondi o tagliarne alcuni a metà.

g)   Disporre in disegni accattivanti sulla pavlova. Tagliare in quattro porzioni. Servire freddo.

INGREDIENTI:
- 1 tazza di yogurt greco
- ½ tazza di frutti di bosco misti
- ¼ tazza di muesli
- 1 mini conchiglia Pavlova, sbriciolata

ISTRUZIONI:
a) In un bicchiere o una ciotola da semifreddo, mettere a strati lo yogurt greco, i frutti di bosco e il muesli.

b) Cospargere il semifreddo con il guscio della mini Pavlova sbriciolata.

c) Ripetere gli strati fino a riempire completamente il bicchiere o la ciotola.

d) Servire immediatamente.

INGREDIENTI:

- 1 albumi
- 1 tazza di zucchero semolato
- 1 cucchiaino di aceto bianco
- 1 cucchiaino di amido di mais
- 2 tazze di panna
- 1 tazza di latte
- 1 tazza di fragole tritate

ISTRUZIONI:

a) Preriscaldare il forno a 150°C (300°F). Foderare una teglia con carta da forno.

b) Sbattere gli albumi fino a formare picchi rigidi. Aggiungere gradualmente lo zucchero, un cucchiaio alla volta, sbattendo bene dopo ogni aggiunta.

c) Aggiungere l'aceto e l'amido di mais e sbattere fino a quando non saranno ben combinati.

d) Versare il composto sulla teglia preparata per formare un cerchio di 20 cm.

e) Cuocere per 1 ora o fino a quando la pavlova sarà croccante fuori e morbida dentro.

f) Lasciare raffreddare completamente.

g) In una ciotola separata, montare la panna finché non si formano dei picchi rigidi.

h) Incorporate le fragole tritate e la pavlova sbriciolata.

i) Trasferire il composto in un contenitore e congelare finché non diventa solido.

INGREDIENTI:
- 4 albumi
- 1 tazza di zucchero semolato
- 1 cucchiaino di aceto bianco
- 1 cucchiaino di amido di mais
- 2 tazze di panna montata
- 1 tazza di gocce di cioccolato
- ½ tazza di marmellata di lamponi
- ¼ tazza di mandorle a fette

ISTRUZIONI:
a) Preriscaldare il forno a 150°C (300°F). Foderare una teglia con carta da forno.

b) Sbattere gli albumi fino a formare picchi rigidi. Aggiungere gradualmente lo zucchero, un cucchiaio alla volta, sbattendo bene dopo ogni aggiunta.

c) Aggiungere l'aceto e l'amido di mais e sbattere fino a quando non saranno ben combinati.

d) Versare il composto sulla teglia preparata per formare un cerchio di 20 cm.

e) Cuocere per 1 ora o fino a quando la pavlova sarà croccante fuori e morbida dentro.

f) Lasciare raffreddare completamente.

g) Rompere la pavlova in piccoli pezzi.

h) In un piattino, mettere a strati la panna montata, i pezzetti di pavlova, le gocce di cioccolato, la marmellata di lamponi e le mandorle a fette.

i) Ripetere fino ad esaurimento di tutti gli ingredienti.

j) Raffreddare per almeno 2 ore prima di servire.

78. Panini con gelato Pavlova

INGREDIENTI:
- 1 porzione di meringhe pavlova
- 2 tazze di gelato alla vaniglia

ISTRUZIONI:

a) Utilizzando un tagliabiscotti o un bicchiere, tagliate a cerchi le meringhe pavlova.

b) Versare il gelato alla vaniglia su un cerchio di meringa.

c) Posizionare un altro cerchio di meringa sopra il gelato, creando un sandwich.

d) Congelare per almeno 1 ora prima di servire.

INGREDIENTI:
- 1 kg di mascarpone
- 1 tazza (120 g) di zucchero a velo
- Crema addensata da 900 ml
- 2 pavlova da 500 g acquistate in negozio
- 1 tazza (250 ml) di espresso forte
- 1 cucchiaio di cacao, più extra per spolverare
- 1 tazza (250 ml) di marsala
- 300 g di biscotti savoiardi
- 3 cucchiaini di caffè solubile
- Riccioli di cioccolato fondente, per servire

SCIROPPO DI MARSALA
- 1 tazza (250 ml) di marsala
- ½ tazza (125 ml) di caffè espresso forte
- ¾ di tazza (165 g) di zucchero semolato

ISTRUZIONI:

a) Per lo sciroppo di marsala, unire tutti gli ingredienti in una casseruola, portare a ebollizione e cuocere, mescolando di tanto in tanto, per 10 minuti o finché non si sarà addensato. Mettere da parte a raffreddare completamente.

b) Mettete metà del mascarpone e metà dello zucchero a velo nella ciotola della planetaria dotata di frusta e montate fino ad ottenere un composto omogeneo. Con il motore acceso, aggiungere gradualmente metà della panna e frullare finché non si addensa. Fare attenzione a non montare eccessivamente il composto.

c) Mettete in una ciotola l'espresso, il cacao e il marsala e mescolate per amalgamare. Accantonare.

d) Stendere un po' di composto al mascarpone su un tagliere e adagiarvi sopra una pavlova, quindi coprire con uno strato sottile di composto al mascarpone. Lavorando velocemente e un biscotto alla volta, immergere i savoiradi nel composto dell'espresso, adagiarvi sopra la pavlova, spezzettando i biscotti per adattarli in modo che tutta la superficie sia ricoperta di biscotto.

e) Ricoprire lo strato di biscotti con altro composto di mascarpone, quindi posizionare sopra la seconda pavlova, premendo per fissarla. Utilizzare il restante composto di mascarpone per coprire i lati e la parte superiore della pavlova.

f)   Lavorando velocemente e con un biscotto alla volta, immergere i restanti savoiardi nella miscela di caffè espresso e disporli verticalmente attorno al lato della pavlova, premendo contro la miscela di mascarpone per fissarla. Raffreddare per 30 minuti per rassodare.

g)   Mettete i restanti 500 g di mascarpone e 60 g di zucchero a velo nella ciotola della planetaria dotata di frusta e sbattete fino ad ottenere un composto omogeneo. Con il motore acceso, aggiungere gradualmente i restanti 450 ml di panna e frullare finché non si addensa. Dividere il composto tra due ciotole.

h)   Diluire il caffè solubile in 1 cucchiaino di acqua (in alternativa, utilizzare un espresso molto forte) e mescolare in una delle ciotole di miscela di mascarpone, quindi incorporare con cura la miscela di mascarpone al caffè nella miscela di mascarpone semplice per creare un effetto a catena. Accantonare.

i)   Metti un canovaccio o un panno piegato sotto un lato della pavlova e spolvera il cacao in polvere sui biscotti sul lato della pavlova, ruotando mentre procedi, finché l'intero lato non sarà ricoperto di cacao in polvere. Spolverare il cacao in polvere sopra la pavlova, quindi versare sopra il composto di mascarpone al caffè, usando il dorso di un cucchiaio per creare volute e rientranze. Raffreddare fino al momento di servire. Poco prima di servire, irrorate la pavlova con lo sciroppo di marsala e cospargetela con riccioli di cioccolato.

INGREDIENTI:

4 albumi d'uovo grandi
1 tazza di zucchero semolato
1 cucchiaino di aceto bianco
1 cucchiaino di amido di mais
1 cucchiaino di estratto di vaniglia
Panna montata
Frutta fresca (bacche, mango, frutto della passione)

ISTRUZIONI:

Preriscaldare il forno a 175°C (350°F) e rivestire una teglia per gelatina con carta da forno.

In una ciotola pulita e asciutta, sbattere gli albumi fino a formare picchi morbidi.

Aggiungere gradualmente lo zucchero continuando a sbattere fino a formare delle punte sode.

Incorporare delicatamente l'aceto, l'amido di mais e l'estratto di vaniglia.

Distribuire uniformemente il composto sulla teglia per gelatina preparata.

Cuocere per circa 12-15 minuti o fino a quando la pavlova sarà leggermente dorata.

Togliere dal forno e lasciarlo raffreddare per qualche minuto.

Trasferisci con attenzione la pavlova su un canovaccio pulito.

Spalmare la panna montata sulla pavlova, lasciando un piccolo bordo attorno ai bordi.

Cospargere la frutta fresca sulla panna montata.

Utilizzate il canovaccio per arrotolare la pavlova, partendo da uno dei lati più corti.

Trasferisci il rotolo di pavlova su un piatto da portata.

Affettate e servite il delizioso rotolo Pavlova.

INGREDIENTI:
1 1/4 tazze di farina per tutti gli usi
1 1/2 cucchiaini di lievito in polvere
1/4 cucchiaino di sale
1/2 tazza di burro non salato, ammorbidito
1 tazza di zucchero semolato
2 uova grandi
1 cucchiaino di estratto di vaniglia
1/2 tazza di latte
Panna montata
Frutta fresca (fragole, mirtilli, lamponi)
Meringa tritata per guarnire

ISTRUZIONI:
Preriscaldare il forno a 175°C (350°F) e foderare uno stampo per muffin con i pirottini.

In una ciotola, sbatti insieme la farina, il lievito e il sale.

In un'altra ciotola, lavorare insieme il burro e lo zucchero fino a ottenere un composto chiaro e soffice.

Sbattere le uova una alla volta, seguite dall'estratto di vaniglia.

Aggiungete gradualmente il composto di farina agli ingredienti umidi, alternandoli con il latte, iniziando e finendo con il composto di farina.

Riempire i pirottini per cupcake per circa due terzi con l'impasto.

Cuocere per 18-20 minuti o fino a quando uno stuzzicadenti inserito al centro risulta pulito.

Togliere i cupcakes dal forno e lasciarli raffreddare completamente.

Ricoprire ogni cupcake con un ciuffo di panna montata.

Guarnire con frutta fresca e cospargere con meringa tritata.

INGREDIENTI:

Gelato alla vaniglia
Mini nidi di meringa
Frutta fresca (fragole, banane, mango)
Salsa al cioccolato
Panna montata
Foglie di menta per guarnire

ISTRUZIONI:

In una ciotola o in un bicchiere mettete una pallina di gelato alla vaniglia.

Rompere i mini nidi di meringa in pezzetti più piccoli e cospargerli sul gelato.

Aggiungi una varietà di frutta fresca.

Versare la salsa al cioccolato sulla frutta.

Completare con panna montata e guarnire con foglioline di menta.

Servire e gustare la deliziosa coppa di gelato Pavlova.

INGREDIENTI:

1 crosta di cracker Graham preparata
16 once di crema di formaggio, ammorbidita
1 tazza di zucchero a velo
1 cucchiaino di estratto di vaniglia
Panna montata
Frutta fresca (bacche, kiwi, mango)
Meringa tritata per guarnire

ISTRUZIONI:

In una terrina, sbattere il formaggio cremoso, lo zucchero a velo e l'estratto di vaniglia fino ad ottenere un composto liscio e cremoso.
Versare il composto di crema di formaggio nella crosta di cracker Graham preparata.
Lisciare la parte superiore con una spatola.
Raffreddare la cheesecake in frigorifero per almeno 2 ore o finché non si sarà solidificata.
Prima di servire spalmate uno strato di panna montata sulla cheesecake.
Completare con frutta fresca e cospargere la meringa tritata.
Affetta e servi la deliziosa cheesecake Pavlova.

INGREDIENTI:

Meringa schiacciata
Panna montata
Frutti di bosco freschi (fragole, lamponi, more)
Coulis o salsa di lamponi
ISTRUZIONI:

In un bicchiere o una ciotola da portata, mettere a strati la meringa tritata, la panna montata e i frutti di bosco freschi.

Cospargere la coulis di lamponi o la salsa sugli strati.

Ripetere gli strati fino ad esaurimento degli ingredienti.

Decorare con frutti di bosco freschi e una spolverata di meringa tritata.

Godetevi il delizioso Pavlova Eton Mess.

INGREDIENTI:

Crostata crostata preparata
1 tazza di panna montata
Frutta fresca (fragole, kiwi, mirtilli)
Meringa tritata per guarnire
Foglie di menta per guarnire
ISTRUZIONI:

Riempire la crostata preparata con panna montata.

Disporre la frutta fresca sopra la panna montata.

Cospargere la meringa tritata sulla frutta.

Guarnire con foglie di menta.

Affettate e servite la bellissima crostata alla frutta Pavlova.

INGREDIENTI:

6-8 tazzine o conchiglie di cioccolato
Panna montata
Frutta fresca (fragole, lamponi)
Meringa schiacciata
ISTRUZIONI:

Riempire ogni tazza o guscio di cioccolato con panna montata.
Completare con frutta fresca.
Cospargere la meringa tritata sopra.
Servi le eleganti tazze di cioccolato Pavlova come dessert decadente.

BEVANDE ISPIRATE DA PAVLOVA

INGREDIENTI:
2 once di vodka
1 oncia di liquore al lampone
1 oncia di succo di limone
1 oncia di sciroppo semplice
Meringa tritata per guarnire

ISTRUZIONI:

In uno shaker, unisci la vodka, il liquore al lampone, il succo di limone e lo sciroppo semplice.

Riempire lo shaker con ghiaccio e agitare bene.

Filtrare il composto in un bicchiere da martini ghiacciato.

Guarnire con meringa tritata.

Servire e gustare il delizioso Pavlova Martini.

88. Frappè Pavlova

INGREDIENTI:

2 tazze di gelato alla vaniglia
1/2 tazza di latte
1 cucchiaio di sciroppo di lamponi
Meringa tritata per guarnire
ISTRUZIONI:

In un frullatore, unisci il gelato alla vaniglia, il latte e lo sciroppo di lamponi.

Frullare fino ad ottenere un composto liscio e cremoso.

Versare il frappè in un bicchiere.

Coprire con meringa tritata.

Servi il delizioso frappè Pavlova con una cannuccia.

89. Pavlova Cocktail di frutta

INGREDIENTI:

1/2 tazza di succo di mirtillo rosso
1/2 tazza di succo di ananas
1/4 tazza di soda al limone e lime
1 cucchiaio di sciroppo di granatina
Meringa tritata per guarnire
Frutti di bosco freschi per guarnire
ISTRUZIONI:

Riempi un bicchiere con cubetti di ghiaccio.

Versare nel bicchiere il succo di mirtillo rosso, il succo d'ananas, la soda al limone e lime e lo sciroppo di granatina.

Mescolare delicatamente per unire gli ingredienti.

Decorare con meringa tritata e frutti di bosco freschi.

Servi il rinfrescante mocktail Pavlova.

90. Tè freddo Pavlova

INGREDIENTI:

2 tazze di tè nero preparato, raffreddato
1/4 tazza di succo di mirtillo rosso
1/4 tazza di succo di limone
1/4 tazza di sciroppo semplice
Meringa tritata per guarnire
Foglie di menta fresca per guarnire

ISTRUZIONI:

In una brocca, unisci il tè nero preparato, il succo di mirtillo rosso, il succo di limone e lo sciroppo semplice.

Mescolare bene per unire i sapori.

Riempi i bicchieri con cubetti di ghiaccio.

Versare il tè freddo nei bicchieri.

Decorare con meringa tritata e foglioline di menta fresca.

Servi il rinfrescante tè freddo Pavlova.

INGREDIENTI:

1 tazza di caffè preparato forte, freddo
1/2 tazza di latte
2 cucchiai di zucchero
1/2 cucchiaino di estratto di vaniglia
Panna montata per guarnire
Meringa tritata per guarnire
ISTRUZIONI:

In un frullatore, unisci caffè freddo, latte, zucchero ed estratto di vaniglia.

Frullare fino ad ottenere un composto ben amalgamato e schiumoso.

Versare il frappuccino in un bicchiere.

Completare con panna montata e meringa tritata.

Servi il frappuccino ispirato a Pavlova con una cannuccia.

92. Cioccolata calda Pavlova

INGREDIENTI:

2 tazze di latte
1/4 tazza di cacao in polvere
2 cucchiai di zucchero
1/2 cucchiaino di estratto di vaniglia
Panna montata per guarnire
Meringa tritata per guarnire

ISTRUZIONI:

In una casseruola, scaldare il latte a fuoco medio fino a quando sarà caldo ma non bollente.

Sbattere il cacao in polvere, lo zucchero e l'estratto di vaniglia fino a ottenere un composto ben amalgamato e liscio.

Versare la cioccolata calda nelle tazze.

Completare con panna montata e meringa tritata.

Servi la confortante cioccolata calda Pavlova in una giornata fredda.

INGREDIENTI:

4 tazze di acqua fredda
1 tazza di succo di limone fresco
1/2 tazza di zucchero
Meringa tritata per guarnire
Fette di limone per guarnire
ISTRUZIONI:

In una brocca, unisci acqua fredda, succo di limone fresco e zucchero.

Mescolare bene finché lo zucchero non si sarà sciolto.

Riempi i bicchieri con cubetti di ghiaccio.

Versare la limonata nei bicchieri.

Guarnire con meringa tritata e fette di limone.

Servi la rinfrescante limonata Pavlova.

94. Pavlova Pugno Scintillante

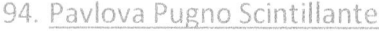

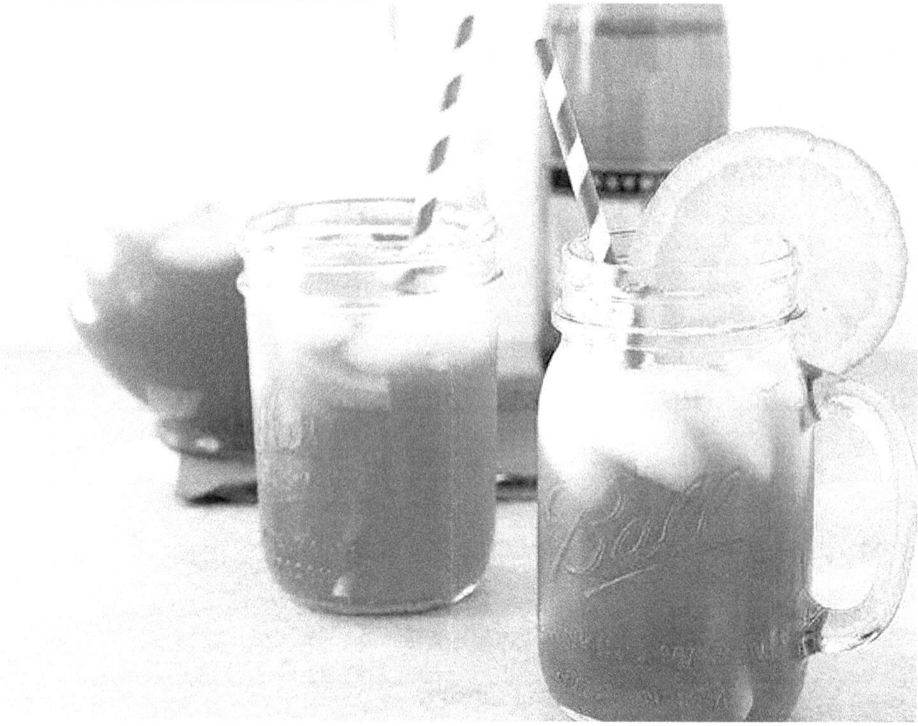

INGREDIENTI:

2 tazze di succo di mirtillo rosso
2 tazze di succo di ananas
2 tazze di soda al limone e lime
1/4 tazza di sciroppo di granatina
Meringa tritata per guarnire
Frutti di bosco freschi per guarnire

ISTRUZIONI:

In una ciotola da punch, unisci il succo di mirtillo rosso, il succo di ananas, la soda al limone e lime e lo sciroppo di granatina.

Mescolare delicatamente per unire gli ingredienti.

Riempi i bicchieri con cubetti di ghiaccio.

Versare il punch frizzante nei bicchieri.

Decorare con meringa tritata e frutti di bosco freschi.

Servi il festoso punch frizzante Pavlova.

INGREDIENTI:

1 tazza di latte di cocco
1/2 tazza di frutti di bosco misti congelati (fragole, mirtilli, lamponi)
1/2 banana congelata
1 cucchiaio di miele
Meringa tritata per guarnire
Scaglie di cocco tostate per guarnire

ISTRUZIONI:

In un frullatore, unisci il latte di cocco, i frutti di bosco congelati, la banana congelata e il miele.
Frullare fino ad ottenere un composto liscio e cremoso.
Versare il frullato in un bicchiere.
Completare con meringa tritata e scaglie di cocco tostato.
Servi il frullato tropicale al cocco Pavlova.

INGREDIENTI:
1 tazza di acqua frizzante o soda
1/4 tazza di succo di ananas
1/4 tazza di succo di mirtillo rosso
Gelato alla vaniglia
Meringa tritata per guarnire
ISTRUZIONI:

In un bicchiere, unisci acqua frizzante, succo di ananas e succo di mirtillo rosso.

Aggiungi una pallina o due di gelato alla vaniglia.

Guarnire con meringa tritata.

Servire con una cannuccia e godersi il rinfrescante galleggiante mocktail Pavlova.

INGREDIENTI:

1 tazza di caffè freddo
1/2 tazza di latte
1 cucchiaio di sciroppo semplice
Meringa tritata per guarnire

ISTRUZIONI:

Riempi un bicchiere con cubetti di ghiaccio.

Versare il caffè freddo, il latte e lo sciroppo semplice sul ghiaccio.

Mescolare bene per unire i sapori.

Coprire con meringa tritata.

Servi il delizioso caffè freddo Pavlova.

INGREDIENTI:

2 once di rum bianco
1 oncia di succo di lime
1 oncia di sciroppo semplice
Foglie di menta fresca
Meringa tritata per guarnire
ISTRUZIONI:

In un bicchiere, pesta le foglie di menta fresca con il succo di lime e lo sciroppo semplice.

Aggiungere il rum bianco e mescolare bene.

Riempire il bicchiere con ghiaccio tritato.

Decorare con meringa tritata e un rametto di menta.

Servi il rinfrescante mojito Pavlova.

INGREDIENTI:

1 tazza di soda al limone e lime
1/4 tazza di acqua frizzante
1 cucchiaio di succo di lime
1 cucchiaio di sciroppo semplice
Meringa tritata per guarnire
Fette di lime per guarnire
ISTRUZIONI:

In un bicchiere, unisci la soda al limone e lime, l'acqua frizzante, il succo di lime e lo sciroppo semplice.

Mescolare delicatamente per amalgamare i sapori.

Riempire il bicchiere con ghiaccio tritato.

Guarnire con meringa tritata e fette di lime.

Servire lo spritz frizzante Pavlova al limone e lime.

100. Frullato di bacche Pavlova

INGREDIENTI:

1 tazza di frutti di bosco misti congelati (fragole, mirtilli, lamponi)
1/2 tazza di latte di mandorle (o qualsiasi latte a vostra scelta)
1/2 tazza di yogurt alla vaniglia
1 cucchiaio di miele
Meringa tritata per guarnire

ISTRUZIONI:

In un frullatore, unisci frutti di bosco misti congelati, latte di mandorle, yogurt alla vaniglia e miele.
Frullare fino ad ottenere un composto liscio e cremoso.
Versare il frullato in un bicchiere.
Coprire con meringa tritata.
Servi il delizioso frullato alle bacche di Pavlova.

CONCLUSIONE

Grazie per aver dedicato del tempo ad esplorare questo libro. Ci auguriamo che tu abbia trovato questo libro di cucina una risorsa utile nel tuo viaggio nella creazione della pavlova.

Ricorda, la pavlova è un dessert che può essere gustato tutto l'anno ed è perfetto per ogni occasione, da una cena elegante a un barbecue informale in giardino. Con le ricette e i suggerimenti forniti in questo libro di cucina, ci auguriamo che tu ti senta sicuro della tua capacità di creare pavlova deliziose e visivamente sbalorditive che stupiranno i tuoi ospiti.

Quindi, prendi la tua ciotola e preparati a creare la pavlova perfetta!

Milton Keynes UK
Ingram Content Group UK Ltd.
UKHW020916201123
432908UK00020B/2801